Baden-Württemberg 3
Das Problem der Richtwerte in Programmen und Plänen
der Raumordnung und Landesplanung

VERÖFFENTLICHUNGEN
DER AKADEMIE FÜR RAUMFORSCHUNG UND LANDESPLANUNG

Forschungs- und Sitzungsberichte
Band 118

Das Problem der Richtwerte in Programmen und Plänen der Raumordnung und Landesplanung

Forschungsberichte der Landesarbeitsgemeinschaft Baden-Württemberg
der Akademie für Raumforschung und Landesplanung

HERMANN SCHROEDEL VERLAG KG · HANNOVER · 1977

Zu den Autoren dieses Bandes

Egon Fuchs, 44, Regierungsdirektor im Innenministerium Baden-Württemberg, Stuttgart.

Wolfgang Fuchs, Dr., 43, Verbandsdirektor des Regionalverbandes Südlicher Oberrhein in Freiburg i. Br., Korrespondierendes Mitglied der Akademie für Raumforschung und Landesplanung.

J. Heinz Müller, Prof. Dr., 59, Direktor des Instituts für Regionalpolitik und Verkehrswissenschaft der Universität Freiburg i. Br., Ordentliches Mitglied der Akademie für Raumforschung und Landesplanung.

Wolf Dietrich Siebert, Dipl.-Volkswirt, 31, Wissenschaftlicher Mitarbeiter am Institut für Regionalpolitik und Verkehrswissenschaft der Universität Freiburg i. Br.

Horst Dieter Hoppen, Dipl.-Volkswirt, 30, Wissenschaftlicher Assistent am Institut für Regionalpolitik und Verkehrswissenschaft der Universität Freiburg i. Br.

Best.-Nr. 91 446
ISBN 3-507-91446-8

Alle Rechte vorbehalten · Hermann Schroedel Verlag KG Hannover · 1977
Gesamtherstellung: Druckerei Gustav Piepenbrink OHG, Hannover
Auslieferung durch den Verlag

INHALTSVERZEICHNIS

		Seite
J. Heinz Müller, *Freiburg i. Br.*	Vorwort	VII
Egon Fuchs, *Stuttgart*	Richtwerte für die Regionen	1
Wolfgang Fuchs, *Freiburg i. Br.*	Die Verteilung der Bevölkerungsrichtwerte innerhalb der Region	19
J. Heinz Müller und *Wolf Dietrich Siebert,* *Freiburg i. Br.*	Das Problem der Richtwerte in Programmen und Plänen der Raumordnung und Landesplanung	23
Horst Dieter Hoppen, *Freiburg i. Br.*	Raumordnungspolitik und Richtwerte	53

Mitglieder der Landesarbeitsgemeinschaft Baden-Württemberg

Prof. Dr. J. H. Müller, Freiburg i. Br., Vorsitzender
Dr. E. G. Kannenberg, Stuttgart, Geschäftsführer
Dr. K. Becker-Marx, Bad Herrenalb
Prof. Dr. C. Borcherdt, Stuttgart
Prof. Dr. Th. Dams, Freiburg i. Br.
Dr. R. Eberle, Stuttgart
Prof. Dr. W. Fricke, Heidelberg
Dr. W. Fuchs, Freiburg i. Br.
Prof. Dr. P. Hesse, Ottobeuren
Prof. Dr. G. Isenberg, Stuttgart
Prof. Dr. J. H. Kaiser, Freiburg i. Br.
Prof. Dr. N. Kloten, Tübingen
Prof. Dr. H. König, Mannheim
Dipl.-Ing. H. Langenhan, Stuttgart
Prof. Dr. H. Linde, Karlsruhe
Dr. E. Münzer, Stuttgart
Prof. Dr. H. Röhm, Hohenheim
Prof. Dr. G. Schmitz, Mannheim
Prof. Dr. G. Speidel, Freiburg i. Br.
Prof. Dr. P. Treuner, Stuttgart
Dr. C. D. Witt, Mannheim

Die Landesarbeitsgemeinschaft stellt sich als Ganzes ihre Aufgaben und Themen und diskutiert die einzelnen Beiträge mit den Autoren. Die wissenschaftliche Verantwortung für jeden Beitrag trägt der Autor allein.

Vorwort

Die Landesarbeitsgemeinschaft Baden-Württemberg der Akademie für Raumforschung und Landesplanung hat sich in den Jahren 1975/76 schwerpunktmäßig mit dem Problem der Richtwerte in der Raumordnungspolitik beschäftigt und eine Diskussion über die „Systemanalyse zur Landesentwicklung Baden-Württembergs" geführt, welche einen wesentlichen Bestandteil der Informationsbasis des Richtwertekatalogs darstellen wird, der künftig der baden-württembergischen Landesplanung zugrunde liegt.

Zum Themenbereich von Funktion sowie Anwendungsmöglichkeiten und Grenzen eines Kataloges regionaler Richtwerte für die Entwicklung von Bevölkerung und Arbeitsplätzen werden im folgenden vier Beiträge vorgelegt, welche den Problemkreis jeweils unter einem eigenen Aspekt betrachten, so daß die Gesamtheit der Beiträge sowohl eine Eingrenzung des Themenbereichs ergibt als auch ein Zwischenergebnis in der Diskussion um die Stellung von Zielprojektionen oder Richtwerten in der Raumordnungspolitik darstellt.

Der erste Beitrag betrachtet Funktion und Bedeutung der Richtwerte aus Sicht und Praxis der Landesplanung; der Autor war an der Erstellung der Bevölkerungsrichtwerte für Baden-Württemberg maßgeblich beteiligt. Im anschließenden Beitrag wird die Problematik der Richtwerte aus der Sicht eines „betroffenen" Regionalverbandes aufgezeigt, wobei dieser Beitrag für die Bewertung von Richtwerten aus der Sicht von Regionalverbänden nicht voll repräsentativ ist.

Die Richtwerte aus der Sicht wissenschaftlicher Analyse ist Thema einer Studie, die mit freundlicher Förderung der Akademie für Raumforschung und Landesplanung angefertigt werden konnte und welche hiermit veröffentlicht wird. Sie nimmt Begriffsbestimmung und Zuordnung von Richtwerten in raumordnungspolitischen Konzeptionen vor und gibt einen Überblick über die unterschiedliche Handhabe in der Bundesrepublik. Schließlich wird im letzten Beitrag eine Kritik der an Richtwertkatalogen ausgerichteten Raumordnungspolitik vorgetragen, die eine Reihe von Schwachstellen der bisherigen Konzeptionen aufzeigt und daher dem Vorschlag einer Neuorientierung der Raumordnungspolitik von P. Treuner zustimmt, dessen in der Landesarbeitsgemeinschaft gehaltenes Referat „Thesen zur neueren Tendenz der räumlichen Entwicklung" bereits in Raumordnung und Raumforschung, 5/1975, vorab veröffentlicht worden ist.

Der vorgelegte Band bietet somit eine breite Basis für eine weitere Diskussion um quantifizierte Zielvorgaben in der Raumordnungspolitik.

Freiburg i. Br., Januar 1977

J. Heinz Müller

Richtwerte für die Regionen

von

Egon Fuchs, Stuttgart

Unter dem Begriff „Richtwerte" werden nachstehend vor allem Richtwerte der Bevölkerung und der Arbeitsplätze (Erwerbstätige am Arbeitsort) verstanden; zur Ermittlung und Anwendung dieser Richtwerte sind allerdings zusätzliche Analysen in verschiedenen Bereichen von Wirtschaft, Staat und Gesellschaft notwendig, wobei das Ergebnis dieser Analysen und ergänzender Überlegungen wiederum Richtwertcharakter haben kann.

Während bis weit in die 60er Jahre hinein die Veränderung der Einwohner- und Beschäftigtenzahl im Vordergrund stand, setzte sich in den letzten Jahren immer mehr die Erkenntnis durch, daß künftig die Veränderung des Bedarfs pro Einwohner für den Gesamtbereich der Planung viel wichtiger ist als die regional unterschiedlichen Abweichungen von einer insgesamt stagnierenden, vielfach sogar rückläufigen Einwohnerzahl. Von größerer Bedeutung als die weitgehend stagnierende bis rückläufige Gesamteinwohnerzahl bzw. Beschäftigtenzahl erscheinen außerdem die jeweiligen Untergruppen (z. B. bestimmte Altersgruppen, Personen in Ausbildung, Ruheständler, Ausländer, Teilzeitbeschäftigte), deren Gewicht sich noch weiter verschieben wird, wobei allmählich auch die langfristigen Konsequenzen dieser Entwicklung gesehen werden, vor allem bezüglich des Geburtenrückgangs.

Das Instrument des Richtwerts hat in den letzten Jahren in fast alle Bereiche der Raumordnung Eingang gefunden. Auch die Rechtsprechung hat, wie verschiedene Urteile von Verwaltungsgerichten beweisen, das Instrument des Richtwerts allgemein anerkannt. Das Wort „Richtwert" ist allerdings nicht allgemein gebräuchlich. Als Worte mit gleicher oder ähnlicher Bedeutung werden die Bezeichnungen Richtzahl, Zielzahl, Zielprojektion, Zielwert, Zielprognose, aber auch Planwert, Planzahl, quantitatives Planziel oder Planprognose verwendet. Praktisch haben alle Bundesländer auf den verschiedensten Ebenen der Planung mit Richtwerten gearbeitet, wobei jedoch Bezeichnung und Definition des jeweils gewählten Begriffs nicht immer einheitlich waren. Dies gilt vor allem für die Abgrenzung zum Begriff der Status-quo-Prognose. In jüngster Zeit hat lediglich das Land Nordrhein-Westfalen auf die Verwendung von Richtwerten verzichtet. Dieser mit den unsicheren wirtschaftlichen und gesellschaftlichen Verhältnissen begründete Verzicht scheint jedoch nur vorübergehend zu sein; tatsächlich sind auch in Nordrhein-Westfalen quantitative Überlegungen bei allen langfristigen Planungen unerläßlich, Überlegungen also, die — wenn auch nicht formell, so doch materiell — letzten Endes doch einem Denken in Richtwerten nahekommen.

Der Begriff des Richtwerts in der baden-württembergischen Landesplanung

In Baden-Württemberg versteht man unter dem Begriff „Richtwert" eine planerisch modifizierte Status-quo-Prognose. Der Richtwert soll aufzeigen, was auf der Basis der Status-quo-Prognose in Auswirkung aller realistisch erscheinenden planerischen Maßnahmen quantitativ (sehr begrenzt auch qualitativ) an Entwicklung zu erwarten ist. Die bisher vorliegenden Richtwert-Entwürfe sind somit keine Wunschprognosen, wie sie dies früher vielleicht einmal — in gewissem Umfang — gewesen sind, sondern sie versuchen, den machbaren Teil des Erwünschten bzw. des planerisch Angestrebten quantitativ darzustellen.

Richtwert und Status-quo-Prognose

Der Begriff „Status-quo-Prognose" wurde in der baden-württembergischen Landesplanung nicht vom Wortsinn her logisch klar abgegrenzt; dies unterblieb aber nicht deshalb, weil es ohnehin sehr verschiedene Abgrenzungen gibt, mit denen Wissenschaftler und Praktiker arbeiten; der aktuelle Anlaß für eine operationale Definition waren die prognostischen Arbeiten des Statistischen Landesamts Baden-Württemberg (insbesondere die 1972 und 1973 errechneten sogenannten Kreisprognosen der Bevölkerung und der Erwerbspersonen). Das Statistische Landesamt hat seine Prognosen stets als Status-quo-Prognosen bezeichnet, obwohl diese nicht den vollen „Status-quo" in logisch vertretbarer Form berücksichtigen, andererseits aber — wenn auch vorsichtig und sehr global — Zielgesichtspunkte enthalten. Aus Gründen der Einfachheit und Zweckmäßigkeit hat die Landesplanung die Prognosen des Statistischen Landesamts grundsätzlich als „Statusquo-Prognosen" übernommen. Etwa notwendig erscheinende Korrekturen wurden im Rahmen der Richtwertbildung vorgenommen.

So hat die Landesplanung nie einen Hehl daraus gemacht, daß — grob geschätzt — ein Viertel oder gar ein Drittel des Unterschieds zwischen Status-quo-Prognosen und den entsprechenden Richtwerten lediglich eine von der Landesplanung durchgeführte Korrektur der Status-quo-Prognosen darstellt. Entsprechende Korrekturzuschläge und -abschläge ergeben sich vor allem in Regionen mit einseitiger Wanderungsstruktur. Da der Wanderungsansatz des Statistischen Landesamts bis in das Jahr 1964 zurückgreift, eine halbwegs befriedigende Ausländerstatistik aber erst seit 1970 möglich ist, hat das Statistische Landesamt die regional sehr unterschiedliche deutsche und ausländische Wanderung gleichsam in einen Topf geworfen. Aufgrund der oben genannten Definition der Status-quo-Prognose konnte die notwendig erscheinende und aufgrund neuester Daten der Ausländerstatistik mögliche Korrektur erst bei der Richtwertbildung erfolgen.

Neben den Zu- und Abschlägen wegen einseitiger Wanderungsstruktur wurden — sehr begrenzt — auch noch andere korrektiv notwendige Zu- und Abschläge zur Statusquo-Prognose vorgenommen. Auf diese weiteren (insgesamt kaum nennenswerten) Korrekturen der Status-quo-Prognose kann an dieser Stelle nicht eingegangen werden.

Der wichtigste Unterschied zwischen den Status-quo-Prognosen im oben genannten Sinne und den Richtwerten ergibt sich aus sog. Planungs- und Wirkungszuschlägen bzw. entsprechenden Abschlägen. Zuschläge erfolgen in den Regionen, in denen bestimmte — für die künftige Einwohnerzahl direkt oder indirekt relevante — Maßnahmen bereits durchgeführt werden (z. B. Entwicklung der Universität Ulm), oder bei denen solche Maßnahmen fest geplant und mit größter Wahrscheinlichkeit zu erwarten sind (Prognosezuschläge als Wirkungszuschläge). Entsprechende Wirkungsabschläge mußten bei den Regionen vorgenommen werden, bei denen die früheren regionalpolitischen Aktivitäten das Ergebnis der Status-quo-Prognose des Statistischen Landesamts erhöht haben, wenn im Prognosezeitraum keine entsprechenden Aktivitäten mehr möglich oder wahrscheinlich sind.

Planungszuschläge erhielten bei der Richtwertbildung die Gebiete, die nach den verbindlichen Zielsetzungen des Landesentwicklungsplans künftig eine Förderung erfahren müssen, die über das bisherige (in der Status-quo-Prognose bereits enthaltene) Maß hinausgeht, auch wenn bis zur Festlegung des Richtwerts konkrete Einzelplanungen noch nicht vorgelegen haben. Umgekehrt ergaben sich Planungsabschläge für die Regionen, bei denen künftig verstärkt Ordnungs- und Beschränkungsmaßnahmen und nicht Maßnahmen zur Förderung des Einwohnerwachstums zu erwarten sind.

Obwohl die Planungs- und Wirkungszuschläge bzw. die entsprechenden Abschläge in zahlreichen Besprechungen behandelt und im einzelnen abgeschätzt wurden, handelt es sich hierbei noch nicht um die definitiven Vorschläge des Innenministeriums. Nach Vorliegen der Systemanalyse[1]) muß der gesamte Entwurf der Status-quo-Prognosen und Richtwerte nochmals überprüft und gegebenenfalls geändert werden. Die bisherigen Zwischenberichte der Systemanalytiker ergeben für das ganze Land eine Status-quo-Prognose der Bevölkerung, die sich sehr erheblich (nach unten) von den Berechnungen des Statistischen Landesamts unterscheidet. Obwohl noch keine konkreten Zahlen genannt wurden, ist anzunehmen, daß die regionalen Status-quo-Prognosen und Richtwertvorschläge der Systemanalytiker noch stärker als das Landesergebnis von den Vorstellungen des Statistischen Landesamts abweichen werden. Darüber hinaus ist schon jetzt bekannt, daß die Systemanalytiker unter dem Begriff Status-quo-Prognose inhaltlich und methodisch etwas anderes verstehen als das Statistische Landesamt. Unter den gegebenen Umständen wird es schon bei der Status-quo-Prognose sehr schwer sein, eine Synthese oder auch nur einen sachlich vertretbaren Kompromiß zwischen den unterschiedlichen Vorstellungen zu erreichen.

Auf die sachlichen und methodischen Details der Prognose des Statistischen Landesamts kann an dieser Stelle nicht näher eingegangen werden, zumal diese Fragen in zahlreichen Veröffentlichungen des Amtes ausführlich behandelt wurden.

Bezüglich der allgemeinen Problematik von Prognosen und Richtwerten kann auf einen Aufsatz hingewiesen werden, der — mit Ausnahme des letzten Satzes — in etwa noch den neuesten Stand für Baden-Württemberg wiedergibt[2]). Die regionalen Ergebnisse der bisherigen Status-quo-Prognosen und Richtwert-Entwürfe mit jeweils einer kurzen Begründung, eine Darlegung der Rechtsnatur und der rechtlichen Grundlagen und die Entschließung des Landesplanungsrats vom 28. Oktober 1974 sind u. a. in der Landtagsdrucksache 6/7348 vom 14. März 1975 enthalten (vgl. Anlage).

---

[1]) Die „Systemanalyse zur Landesentwicklung Baden-Württemberg" liegt vor seit November 1975.
[2]) Vgl. EGON FUCHS: Bevölkerungsprognosen und Bevölkerungsrichtwerte für Baden-Württemberg und seine Regionen. In: Landkreisnachrichten aus Baden-Württemberg, Heft 4/1974, S. 112—117.

Die Richtwertentwürfe in der Anhörung

Bereits auf der Sitzung des Landesplanungsrats am 28. Oktober 1974 zeigte sich, daß einerseits die Notwendigkeit von Richtwerten an sich anerkannt wird, daß andererseits aber auch die vom Innenministerium vorgeschlagenen Richtwertentwürfe eine breite Zustimmung finden werden. Von den 12 Vertretern der Regionalverbände haben sich auf der Sitzung nur die Vertreter des Mittleren Neckarraums deutlich gegen die vorgeschlagenen Richtwerte ausgesprochen. Aus formellen Gründen meldete noch der Regionalverband Neckar-Alb Widerspruch an, und zwar mit der Begründung, die Sitzungsunterlagen nicht rechtzeitig erhalten zu haben. Bei der noch bis Ende Juli 1975 gehenden schriftlichen Anhörung haben bisher fast alle Regionalverbände zwar meist differenzierte, mehrheitlich aber doch positive Stellungnahmen abgegeben bzw. entsprechende Stellungnahmen angekündigt.

Während von seiten des Mittleren Neckarraums noch keine Stellungnahme eingegangen ist — erwartet wird eine differenzierte, per saldo aber ablehnende Stellungnahme —, hat bisher lediglich der Regionalverband Südlicher Oberrhein eindeutig negativ reagiert. Gemischt, aber nicht direkt ablehnend war die Reaktion der Regionalverbände Hochrhein und Bodensee-Oberschwaben. Die übrigen Regionalverbände haben zum Teil sehr eindeutig, zum Teil mit geringen Einschränkungen den vorgeschlagenen Richtwerten zugestimmt oder eine solche Zustimmung in Aussicht gestellt.

Das Problem der Verbindlichkeit

Ein im Landesplanungsrat und in der Anhörung oft angesprochenes Problem ist das „Ob" und das „Wie" der Verbindlichkeit von Richtwerten. Dieses Problem ist ohne Zweifel noch nicht ausdiskutiert und im Rahmen des Landesplanungsgesetzes höchstens formell gelöst. Einerseits ist es klar, daß ein Richtwert nicht die Verbindlichkeit etwa der Straßenverkehrsordnung oder der Landesbauordnung haben kann, wobei auch das Wort „Richtwert" auf eine gewisse Flexibilität hindeutet; andererseits wären unverbindliche Richtwerte praktisch bedeutungslos. Wenn man einmal von den Schwierigkeiten der Abstimmung mit den Ergebnissen der Systemanalyse absieht, stellt die Festsetzung der Richtwerte kein Problem mehr dar. Abgesehen von der noch fehlenden und wahrscheinlich negativen Äußerung des Regionalverbands Mittlerer Neckar hat als einziger Verband der „Südliche Oberrhein" die Richtwerte als „zu niedrig" bezeichnet; diese Stellungnahme wird aber dadurch relativiert, daß der gleiche Verband fast zur gleichen Zeit in einem anderen Papier die Realisierung des Arbeitsplatzrichtwerts für „mehr als fraglich" hielt. Dagegen ist die qualitative Seite der Richtwerte, also der Grad der Verbindlichkeit, noch nicht definitiv festgelegt. Allerdings lassen sich Quantität und juristische Qualität nicht ganz trennen: So dürfte ein sehr niedrig angesetzter Richtwert die betroffenen Planungsträger dann nicht stören, wenn der Richtwert ziemlich unverbindlich ist. Umgekehrt kann ein sehr hoch angesetzter Richtwert durchaus „verbindlich" sein, wenn von der Entwicklung her überhaupt keine Möglichkeit besteht, die „zugestandenen Werte" überhaupt zu erreichen.

Neuerdings gibt es, vor allem im politischen Raum, Bestrebungen, die juristische Qualität (also den Grad der Verbindlichkeit), erheblich einzuschränken; hierunter fallen auch Bestrebungen, unter dem Wort „Richtwert" sehr unterschiedliche Formen der Verbindlichkeit zusammenzufassen. Danach sollen die Richtwerte in einigen Teilen des Landes als Obergrenze, in anderen Teilen als Untergrenze und wieder in anderen Teilen als grobe Orientierung „verbindlich" werden. In diesem Fall würde die Aufteilung des Richtwerts sicherlich komplizierter, weniger durchschaubar und in den Konsequenzen nicht mehr kalkulierbar werden.

Offiziell hat die baden-württembergische Landesplanung nur einen sehr begrenzten und durchaus vertretbaren Ausnahmefall von der bislang angestrebten allgemeinen und zumindest formell gleichartigen Verbindlichkeit zugestanden: er betrifft kleinere Zentralorte im strukturschwachen Raum; hier soll der Richtwert nicht Maßnahmen und Entwicklungen behindern, die über ihn hinausgehen können, sofern ein Überschreiten des Richtwerts im Zeitpunkt seiner Festlegung unwahrscheinlich ist.

Die Konsequenzen verbindlicher Richtwerte

Naturgemäß können Richtwerte, auch wenn sie verbindlich festgelegt und darüber hinaus realistisch sind, nur *ein* Element zur Steuerung der Entwicklung darstellen. Eine ganze Reihe von Maßnahmen mit Förderungs- und Beschränkungscharakter muß noch ergänzend dazukommen. Solche Maßnahmen können teils Ursache, teils Folge der Richtwertbildung sein. Aber auch dann, wenn der Richtwert mit der Status-quo-Prognose identisch ist, die regionalpolitische Aktivität somit als per Saldo gleichbleibend angenommen wird, hat der Richtwert seine Bedeutung. Er gibt Hinweise für die richtige Dimensionierung fachplanerischer Maßnahmen, und er trägt zum sachgerechten Einsatz öffentlicher Mittel bei. Ein Beispiel hierfür ist etwa die Krankenhausplanung: Während früher die dem Bettenbedarf zugrundezulegende künftige Einwohnerzahl — oft nach langem Hin und Her — im Einzelfall festgelegt werden mußte, liegt nun für das ganze Land ein abgestimmtes und auf gemeinsamen Grundlagen beruhendes System von Status-quo-Prognosen und Richtwertentwürfen vor. Mit Hilfe der Kreisprognosen des Statistischen Landesamts (die für alle Kreise mit etwa 100 000 und mehr Einwohnern errechnet wurden) lassen sich schon heute systemkonforme Prognosen für die Einzugsbereiche von Krankenanstalten relativ leicht errechnen. Die Abgrenzung dieser und anderer Bereiche der Fachplanung wird durch die modellhaft vorliegenden und weitgehend in die Kreis- und Verwaltungsreform übernommenen zentralörtlichen Verflechtungsbereiche ohne Zweifel erleichtert. Wenn, wie vorgesehen, die Regionalverbände einmal als den regionalen Richtwerten entsprechende Werte für alle Nahbereiche, vielleicht sogar für noch kleinere Einheiten errechnet haben, wird dies für viele Bereiche der Fachplanung eine beträchtliche Vereinfachung und ein Mehr an Gerechtigkeit darstellen. In den Gebieten, in denen durch einen relativ hohen Richtwert über die Fachplanung mehr investiert wird als sonst üblich, bedeutet dies nicht nur eine entsprechend höhere „Investitionsspritze" mit gewissen Multiplikatorwirkungen, sondern auch ein qualitativ und quantitativ verbessertes Angebot (vor allem an öffentlichen Dienstleistungen). Gebiete, in denen die Infrastruktur weiter ausgebaut ist als unbedingt nötig, werden sicherlich auch für die Zuwanderung von Personen und Betrieben attraktiver sein als andere Gebiete, in denen z. B. schon der Zuzug eines Betriebs an der Kapazität der Kläranlage scheitert.

Neben der Fachplanung spielen Richtwerte aber auch in der Bauleitplanung eine wesentliche Rolle, wobei dies nicht nur für verbindliche Richtwerte, sondern vor der verbindlichen Festlegung eventuell schon für Status-quo-Prognosen gilt. So kann eine Status-quo-Prognose oder der Entwurf eines Richtwerts durchaus Hinweise auf „voraussehbare Bedürfnisse" (§ 5 Bundesbaugesetz) geben, während verbindliche Richtwerte ohnehin zu den Zielen der Raumordnung und Landesplanung gehören, an die „die Bauleitpläne ... anzupassen" sind (§ 1 Abs. 3 Bundesbaugesetz).

Eine schwierige Situation ist in diesem Bereich allerdings durch die vorhandenen „Wohnungshalden" sowie durch genehmigte, aber nicht vollzogene und vielfach auch langfristig nicht vollziehbare Bebauungspläne gegeben. Eine gewisse Hoffnung, allerdings nur auf ziemlich lange Sicht, zeigt sich durch die Arbeiten an der vorgesehenen Novellierung des Bundesbaugesetzes. Bei der Novelle wird angestrebt, daß genehmigte, aber langfristig nicht vollzogene Bebauungspläne ohne nennenswerte Entschädigungszahlungen geändert oder aufgehoben werden können; es wird in diesen Fällen lediglich an eine Entschädigungszahlung für den sog. Vertrauensschaden gedacht.

Der Themenbereich Richtwerte und Bauleitplanung ist so umfangreich, daß er in diesem Zusammenhang nur skizziert werden kann. Kürzlich hat sich unter Federführung des Innenministeriums ein Arbeitskreis konstituiert, der den Fragenkomplex Eigenentwicklung und Eigenbedarf der einzelnen Verwaltungsräume und den unabhängig von der Bevölkerungsentwicklung zu erwartenden Bedarf an Wohnungs- und Bauflächen zu prüfen hat; nach Möglichkeit sollen auch hier entsprechende, landeseinheitlich abgestimmte Bedarfsrichtwerte ermittelt werden. Diese bislang ziemlich vernachlässigte Aufgabe erscheint deshalb wichtig, weil heute für die Bauleitplanung nicht mehr der Einwohnerzuwachs (so weit es einen solchen überhaupt noch gibt) als vielmehr der sog. innere Bedarf (Rückgang der Belegungsdichte, Sanierungsbedarf, Auflockerungsbedarf) im Vordergrund steht. Darüber hinaus stehen auch andere Formen der Eigenentwicklung und des Eigenbedarfs (vor allem der Bevölkerungszuwachs durch Geburtenüberschuß) nur sehr beschränkt in der planerischen Disposition des Regionalverbands. Dies bedeutet, daß die Regionalverbände über die Verteilung der Richtwerte nach Nahbereichen nicht mehr oder weniger willkürlich verfügen können, sondern allen Verwaltungsräumen (in Baden-Württemberg weitgehend identisch mit Nahbereichen) grundsätzlich eine Eigenentwicklung zugestehen müssen; das personelle und sonstige Entwicklungspotential, über das ein Regionalverband — relativ frei — disponieren kann, wird deshalb erst nach ungefährer Festlegung der Eigenentwicklung abzuschätzen (und im Ergebnis oft sehr gering) sein.

Langfristig erhofft man sich von verbindlichen Richtwerten auch eine gewisse Steuerung des Baugeschehens sowie der Gesamtentwicklung von Bevölkerung und Arbeitsplätzen. Dabei kommt dem Preis für Bauland eine entscheidende Bedeutung zu: Wird in einem Verdichtungsraum nur so viel Bauland erschlossen, wie es der Eigenbedarf in engster Auslegung erfordert, so werden hier die Bauland- und Mietpreise vermutlich höher sein als etwa in einem förderungswürdigen Zentralort, dem man einen hohen Richtwert und damit das Recht zur Ausweisung großer Neubaugebiete gegeben hat.

Im Augenblick klingt zwar der Gedanke einer Steuerung der Bauleitplanung über Richtwerte wie „Zukunftsmusik". Dafür sorgen schon die oben genannten Wohnungshalden, die genehmigten und nicht vollzogenen Bebauungspläne sowie die Lage der Gemeindefinanzen und des Arbeitsmarkts. Auch kann das Lohngefälle so groß oder die Chance, einen Arbeitsplatz zu erhalten so gering sein, daß selbst erhebliche Unterschiede bei Miet-, Bau- und Bodenpreisen keine Änderung der Wanderungsbilanz zu Gunsten ländlicher Räume bewirken. Schließlich können Überlegungen der Bundesbahn, eine bestimmte Strecke stillzulegen, dem betroffenen ländlichen Raum mehr schaden als die höchsten Richtwerte und andere Zeichen planerischen und regierungsamtlichen Wohlwollens nützen.

Trotz aller dieser Vorbehalte und Schwierigkeiten, deren Reihe sich noch wesentlich ergänzen ließe, sollte eine verantwortliche Landesentwicklungspolitik unter den zahlreichen Instrumentarien, die konzentriert und konzertiert einzusetzen wären, auch das Instrument des Richtwerts verwenden, und zwar auch dann, wenn eine Wirkung nur auf sehr lange Sicht zu erwarten ist.

Bisheriges und weiteres Verfahren

Die Aufstellung der Status-quo-Prognosen des Statistischen Landesamts erfolgte grundsätzlich in dessen eigener Verantwortung; das Amt hat jedoch verschiedene Einzelfragen (insbesondere Rechnungsansätze) frühzeitig auch mit anderen Stellen besprochen; an diesen Besprechungen, an denen vor allem die Landesplanung und das Landesarbeitsamt beteiligt waren, konnte eine weitgehende Übereinstimmung erzielt werden. Vor der Weiterleitung der Status-quo-Prognosen und der Richtwertentwürfe an den Landesplanungsrat hat das Innenministerium nur noch verhältnismäßig geringe Umrechnungen durchgeführt:

1. Umrechnung aller Prognosewerte von Anfang 1990 auf Mitte 1990.
2. Berücksichtigung mehrerer Änderungen durch die Gebietsreform.
3. Grobe Umrechnung der Erwerbspersonenprognose des Statistischen Landesamts zu einer Arbeitsplatzprognose (Annahmen: eine Arbeitslosenquote von 1 % im Jahre 1990 und gleicher Pendlersaldo wie 1970).

Der Landesplanungsrat hat das Prognosethema in mehreren Sitzungen (vor allem 1973 und 1974) behandelt und darüber hinaus eine besondere „Arbeitsgruppe Prognose" ins Leben gerufen, die sich sehr intensiv mit den verschiedensten Aspekten des Themas Status-quo-Prognose und Richtwertbildung befaßt hat. Als schließlich das Plenum des Landesplanungsrats Ende Oktober 1974 eine Entschließung verabschiedete, war diese praktisch Wort für Wort und Zahl für Zahl von der „Arbeitsgruppe Prognose" vorbesprochen worden.

Obwohl diese Entschließung des Landesplanungsrats vom 28. Oktober 1974 nicht in jedem Punkt dem früheren Entwurf des Innenministeriums entsprach, hat sich das Innenministerium im Nachhinein damit identifiziert und sie mit ergänzenden Texten und Tabellen dem Kabinett vorgelegt. Im Januar 1975 hat der Ministerrat die Richtwertentwürfe zur Anhörung freigegeben. (Über das bisherige materielle Ergebnis der Anhörung wurde oben schon berichtet.)

Im Rahmen des Anhörungsverfahrens sollen die Richtwertentwürfe auch im Landtagsausschuß für Raumordnung, Wirtschaft und Verkehr behandelt, dann erneut dem Kabinett zugeleitet und schließlich vom Innenministerium gem. § 28 Landesplanungsgesetz als „Weisung über die Grundzüge der Planung" für verbindlich erklärt werden.

Nachdem sich ohnehin einige — unvorhergesehene — Verzögerungen ergeben haben, ist nunmehr geplant, die Richtwertentwürfe gemeinsam mit dem Ergebnis der Systemanalyse im Landtagsausschuß für Raumordnung, Wirtschaft und Verkehr zu beraten.

Auch wenn die vorgeschlagenen Richtwerte verbindlich werden sollten, ist gemäß der Entschließung des Landesplanungsrats eine laufende Beobachtung und gegebenenfalls Fortschreibung notwendig. Es ist zu hoffen, daß diese Fortschreibung dann nicht so langwierig und kompliziert sein wird wie die erstmalige Aufstellung.

Anlage

LANDTAG VON BADEN-WÜRTTEMBERG

Drucksache 6 / **7348**

6. Wahlperiode

Schreiben des Innenministeriums

**Richtwerte für die künftige Entwicklung
von Bevölkerung und Arbeitsplätzen
in den Regionen Baden-Württembergs**

Der Innenminister	7 Stuttgart 1, den 14. März 1975
des Landes	Dorotheenstraße 6
Baden-Württemberg	
Nr. VII 8013/139	

An den Herrn
Präsidenten des Landtags
von Baden-Württemberg

7 Stuttgart 1
Haus des Landtags

Betreff: Richtwerte für die künftige Entwicklung von Bevölkerung
und Arbeitsplätzen in den Regionen Baden-Württembergs

Anl.: Entschließung des Landesplanungsrats vom 28. Oktober 1974
über Richtwerte zur Entwicklung von Bevölkerung und
Arbeitsplätzen in den Regionen bis 1990 (Anlage 1),

Vermerk „Die Bevölkerungsentwicklung in den Regionen
Baden-Württembergs" (Anlage 2)

2 Tabellen (Anlagen 3 und 4)

Sehr geehrter Herr Landtagspräsident!

Es ist beabsichtigt, den Regionalverbänden Richtwerte für die künftige Entwicklung von Bevölkerung und Arbeitsplätzen in den einzelnen Regionen als Grundlage für die Aufstellung ihres Regionalplans vorzugeben. Die Landesregierung hat die vom Innenministerium vorgeschlagenen Richtwerte — ohne diese selbst zu beraten — zur Anhörung der Regionalverbände freigegeben und das Innenministerium zugleich ermächtigt, sie dem Landtag zur Beratung zuzuleiten.

Ich beehre mich, Ihnen die vom Innenministerium vorgeschlagenen Richtwerte hiermit mit der Bitte zu übersenden, sie zur Beratung dem Ausschuß für Raumordnung, Wirtschaft und Verkehr zuzuleiten.

Die Landesregierung verwirklicht damit eine bereits früher dem Landtag gegebene Zusage:

Anläßlich der Beratung der Antwort des Innenministeriums auf die Große Anfrage der Fraktion der CDU zur Aktivierung der Landesent-

Eingegangen: 18. 03. 75 / Ausgegeben: 08. 04. 75

wicklung (Drucksache 6/2576) am 18. Oktober 1973 im Landtag hat die CDU-Fraktion mit dem Antrag auf Drucksache 6/3454 beantragt, die Landesregierung zu ersuchen,

„1. a) den Regionalverbänden verbindliche Richtwerte über die in den Regionen anzustrebende Bevölkerungs- und Arbeitsplatzentwicklung vorzugeben und bei der Festlegung dieser Richtwerte einer weiter zunehmenden Konzentration von Bevölkerung und Arbeitsplätzen in wenigen Verdich-

Die Regierung hat in der Sitzung des Landtags am 18. Oktober 1973 zugesagt, aufbauend auf den neuen Bevölkerungsprognosen des Statistischen Landesamts planerische Richtwerte für die Bevölkerungsentwicklung der einzelnen Regionen zu erarbeiten (vgl. Sitzungsniederschrift S. 2102). Anläßlich der Beratung von Grundsatzfragen des Landesentwicklungsplans im Landtagsausschuß für Raumordnung, Wirtschaft und Verkehr am 15. Februar 1974 hat sich die Regierung ferner damit einverstanden erklärt, die Richtwertentwürfe mit dem zuständigen Landtagsausschuß zu erörtern (vgl. Sitzungsniederschrift S. 15). Der Antrag der CDU-Fraktion auf Drucksache 6/3454 wurde daraufhin für erledigt erklärt.

Ich darf in diesem Zusammenhang darauf hinweisen, daß der Landesplanungsrat, der das Innenministerium in grundsätzlichen Fragen berät, in seiner beiliegenden Entschließung vom 28. Oktober 1974 sich ebenfalls dafür ausgesprochen hat, den Regionalverbänden verbindliche, auf Landesebene aufeinander abgestimmte Richtwerte über die künftige Entwicklung von Bevölkerung und Arbeitsplätzen vorzugeben.

I.

1. *Notwendigkeit von Richtwerten für die Regionalverbände*

Nach dem im Landesplanungsgesetz bestimmten Mindestinhalt der Regionalpläne weisen die Regionalverbände im Regionalplan „die langfristig anzustrebende Entwicklung und Verteilung der Wohn- und Arbeitsstätten nach Nahbereichen" aus (§ 29 Abs. 2 Nr. 5 LaplaG). Bezugsräume dieser Festlegungen werden praktisch die neuen örtlichen Verwaltungsräume sein, die in der überwiegenden Zahl der Fälle mit den im Landesplanungsgesetz genannten Nahbereichen übereinstimmen. Den Richtwerten wird auch für die Träger der Bauleitplanung Bedeutung zukommen, weil sie in Verbindung mit anderen Entscheidungsfaktoren — vor allem Rückgang der Belegungsdichte der Wohnungen, Erneuerungsbedarf, Ersatzbedarf für anderweitig genutzten Wohnraum — Grundlagen für die Berechnung des künftigen Flächenbedarfs sein werden (§ 1 Abs. 3 BBauG). Das Innenministerium wird im Zusammenwirken mit den Regionalverbänden versuchen, Grundlagen für die Umsetzung dieser Richtwerte in den Flächenbedarf zu erarbeiten.

Die Ausweisung solcher Richtwerte im Regionalplan bedeutet die innerregionale räumliche Verteilung des Entwicklungspotentials, das in der Region im Planungszeitraum voraussichtlich zur Verfügung steht. Damit die Regionalverbände diese Richtwerte für die Entwicklung der Wohn- und Arbeitsstätten in den einzelnen Nahbereichen der Region festsetzen können, benötigen sie Vorgaben des Landes darüber, mit welchem Entwicklungspotential für die Region insgesamt zu rechnen ist. Dabei muß das Land die allgemeine demographische, wirtschaftliche und sonstige Entwicklung des Landesganzen und die Zielsetzungen des Landesentwicklungsplans berücksichtigen. Das Land muß ferner davon ausgehen, daß das Entwicklungspotential aller Regionen des Landes künftig wesentlich geringer sein wird als in der Vergangenheit. Die Richtwerte sollen dazu beitragen, daß in den verdichteten Räumen nicht durch überhöhte Planungen ein zusätzliches Wachstum zu Lasten der ländlichen Räume gefördert wird.

2. *Rechtsnatur der Richtwerte, Rechtsgrundlage*

Die Richtwerte sollen für die Regionalverbände verbindlich sein. Das Innenministerium beabsichtigt daher, die Richtwerte zum Inhalt entsprechender Weisungen gegenüber den Regionalverbänden zu machen. Hierfür bietet § 28 Abs. 1 Satz 2 LaplaG eine ausreichende Rechtsgrundlage. Danach kann die oberste Landesplanungsbehörde den Regionalverbänden Weisungen über die Grundzüge der Planung erteilen, soweit dies zur Ausformung des Landesentwicklungsplans erforderlich ist. Beide gesetzlichen Tatbestandsmerkmale sind erfüllt: Die Weisung wird sich auf die Grundzüge des Regionalplans beschränken, weil den Regionalverbänden nur — aus den jeweiligen Landeswerten abgeleitete und aufeinander abgestimmte — Globalzahlen als Rahmen für die Aufstellung des Regionalplans vorgegeben werden, während die Verantwortung der Regionalverbände für die Verteilung dieser Gesamtzahlen auf die einzelnen Nahbereiche und ihre Gewichtung bei der Erarbeitung von Flächenrichtwerten, also für die eigentliche regionalplanerische Aufgabe, unangetastet bleibt. Die vorgesehenen Richtwerte für die Region sind auch zur Ausformung des Landesentwicklungsplans erforderlich: Nach dem Landesentwicklungsplan sollen alle Teile des Landes an der Entwicklung angemessen teilnehmen; für alle Teile des Landes sind gleichwertige Lebensbedingungen anzustreben (Plansatz 1.4). Die Erfahrung hat gezeigt, daß es hierzu korrigierender Einflußnahmen des Landes, vor allem zugunsten der ländlichen Räume, bedarf. Der Landesentwicklungsplan sieht daher in Plansatz 1.41 vor, durch Stärkung der leistungsschwachen Landesteile das Gefälle von leistungsstarken zu den leistungsschwachen Teilen zu verringern. Im Zusammenhang hiermit fordert der Landesentwicklungsplan ausdrücklich, einer Bevölkerungsentwicklung, die dieses Entwicklungsziel in Frage stellt, entgegenzuwirken (Plansatz 1.41 am Ende). Damit ist die regionale Steuerung der Bevölkerungsentwicklung im Landesentwicklungsplan unmittelbar angesprochen. Die vorgesehenen Richtwerte sollen einen wesentlichen Beitrag zu einer ausgewogenen Bevölkerungsentwicklung im Sinne des Landesentwicklungsplans bilden.

Die regionalen Richtwerte werden auch für die staatliche Fachplanung vorgeben, von welcher Entwicklung der Bevölkerung und der Arbeitsplätze die Landesregierung für die einzelnen Regionen bis 1990 ausgeht. Wie im Falle der Bauleitplanung ist jedoch auch hier darauf hinzuweisen, daß die Berechnung des Infrastrukturbedarfs und die Dimensionierung einzelner Infrastruktureinrichtungen nicht nur von der voraussichtlichen Entwicklung der Bevölkerung und der Arbeitsplätze abhängt. So muß zum Beispiel die Krankenhausplanung zusätzlich noch den Altersaufbau der Bevölkerung, die Straßenplanung auch die Zahl der Kraftfahrzeuge und die Häufigkeit und Intensität ihrer Nutzung sowie das gegebenenfalls zu erwartende Ausmaß des Wochenend-, Urlaubs- und Fernverkehrs berücksichtigen. Schließlich kann auch der Zeithorizont nicht bei allen Planungen das Jahr 1990 sein. Bei leicht ausbaufähigen Anlagen und Einrichtungen wird man auf ein früheres Jahr, bei schwer veränderbaren Verhältnissen auf ein späteres Jahr abheben müssen, wobei im letztgenannten Fall auch noch ein besonderer „Risikozuschlag" vertretbar oder sogar notwendig sein kann.

II.

Zu den vorgeschlagenen Richtwerten:

1. Die vom Innenministerium in Übereinstimmung mit dem Landesplanungsrat vorgeschlagenen Richtwerte für Bevölkerung und Arbeitsplätze (s. u.) sind aus Status-quo-Prognosen abgeleitet, die vom Statistischen Landesamt unter Beteiligung der Landesplanung erarbeitet wurden. Die Richtwerte beziehen sich auf Mitte 1990 und sind das Ergebnis verschiedener Verhandlungen, insbesondere im Plenum und in der „Arbeitsgruppe Prognose" des Landesplanungsrats.

2. Das Innenministerium, das Statistische Landesamt und die Mehrheit des Landesplanungsrats waren der Meinung, daß die künftige Bevölkerungsentwicklung in Baden-Württemberg nicht primär aus ökonomisch bedingten und entsprechend quantifizierbaren Komponenten prognostiziert werden könne. Deshalb wurden die Prognosen bzw. Richtwerte für die Entwicklung und Arbeitsplätze (nachstehend Erwerbsstellen genannt) aus den Bevölkerungsprognosen entwickelt. Obwohl bei Personen im Ausbildungsalter (wegen der künftig wohl verlängerten Schul- und Studienzeiten) und bei Personen im höheren Alter (wegen des im Durchschnitt früheren Eintritts in den Ruhestand) mit einer geringeren Erwerbsbeteiligung gerechnet wurde, wächst nach der Prognose die Zahl der Erwerbstätigen bis 1990 schneller als die Einwohnerzahl. Hierbei ist jedoch (u. a.) zu berücksichtigen, daß die Zahl der Erwerbstätigen letztmals bei der Volkszählung 1970 erfaßt wurde, während für die Einwohnerzahl Werte von 1974 vorliegen. Im übrigen ist das Prognoserisiko bei der Erwerbsstellenprognose höher als bei der Bevölkerungsprognose. Deshalb hat der Landesplanungsrat empfohlen, „die Richtwerte für die Erwerbsstellen etwas flexibler zu handhaben und bei erkennbaren Änderungen im Erwerbsverhalten auch unabhängig von der Bevölkerungsprognose zu korrigieren".

3. Die den Richtwerten zugrundeliegende Bevölkerungsprognose ist aus heutiger Sicht als obere Variante, also als Obergrenze der wahrscheinlichen Entwicklung zu betrachten. Soweit bisher bekannt, rechnen — mit Ausnahme Bayerns — alle Bundesländer mit einem geringeren Bevölkerungswachstum als Baden-Württemberg. Der Bund unterstellt sogar in seinen neuesten Eckwerten für 1985 — insgesamt und auch für Baden-Württemberg — einen Rückgang der Einwohnerzahl unter den Stand von 1974.

   Diesen Vorstellungen des Bundes ist das Innenministerium allerdings nachdrücklich und mit gewichtigen Argumenten entgegengetreten. Unter den gegenwärtigen Umständen wird man jedoch keinesfalls sagen können, daß die Bevölkerungsprognose des Landes zu niedrig bzw. zu pessimistisch ist. Sie ist vielmehr aus heutiger Sicht als Obergrenze der wahrscheinlichen Entwicklung zu betrachten; Veränderungen der Richtwerte für die einzelnen Regionen können sich aufgrund neuerer Erkenntnisse, insbesondere nach Auswertung der vom Land in Auftrag gegebenen Systemanalysen als notwendig erweisen.

4. Das Innenministerium sieht in Übereinstimmung mit dem Landesplanungsrat vor, den Regionalverbänden für Mitte 1990 folgende Richtwerte verbindlich vorzugeben:

Regionalverband Regierungsbezirk Land	Einwohner 1.1.1974	Status-quo-Prognose		Richtwerte		
		Einwohner in 1000	Erwerbsstellen in 1000	Einwohner in 1000	Einwohnerzuwachs in % 1974/90	Erwerbsstellen in 1000
Regionalverband Mittlerer Neckar	2 373	2 485	1 306	2 423	2,1	1 275
Regionalverband Franken	716	755	366	765	6,8	371
Regionalverband Ostwürttemberg	404	423	208	430	6,4	212
Regierungsbezirk Stuttgart	3 493	3 663	1 879	3 618	3,6	1 858
Regionalverband Mittlerer Oberrhein	877	884	431	884	0,8	431
Regionalverband Nordschwarzwald	488	518	256	526	7,8	260
Regionalverband Unterer Neckar	1 035	1 041	542	1 041	0,6	542
Regierungsbezirk Karlsruhe	2 401	2 443	1 229	2 451	2,1	1 233
Regionalverband Hochrhein	572	601	285	605	5,8	287
Regionalverband Schwarzwald-Baar-Heuberg	445	467	244	477	7,2	249
Regionalverband Südlicher Oberrhein	846	896	437	904	6,9	441
Regierungsbezirk Freiburg	1 863	1 964	966	1 986	6,6	977
Regionalverband Bodensee-Oberschwaben	500	551	269	554	10,8	270
Regionalverband Neckar-Alb	578	625	315	625	8,1	315
Regionalverband Donau-Iller	405	425	224	437	7,9	229
Regierungsbezirk Tübingen	1 483	1 607	808	1 616	9,0	814
Land Baden-Württemberg	9 239	9 671	4 882	9 671	4,7	4 882

Während die Landessummen der regionalen Richtwerte und der entsprechenden Status-quo-Prognosen jeweils identisch sind, sind für die meisten Regionen Richtwerte vorgesehen, die von der Status-quo-Prognose abweichen:

a) Da die Region Mittlerer Neckar bereits hoch verdichtet ist, die mit Abstand höchste Ausländerquote aufweist und immer noch beachtliche Wachstumstendenzen zeigt, ist vorgesehen, zugunsten des ländlichen Raumes hier dem nach der Status-quo-Prognose zu erwartenden Wachstum (1974/90: + 112 000 Einwohner) entgegenzuwirken und im Rahmen des Richtwerts lediglich von einem Zuwachs von 50 000 Einwohnern auszugehen.

b) In den ebenfalls stark verdichteten Regionen Mittlerer Oberrhein, Unterer Neckar und Neckar-Alb ist der vorgeschlagene Richtwert jeweils mit der Status-quo-Prognose identisch. Wegen des bereits erreichten Verdichtungsgrades und im Falle Neckar-Alb auch wegen des schon nach der Prognose weiterhin starken Wachstums erscheint ein Richtwert über die Status-quo-Prognose nicht vertretbar. Andererseits gibt es in allen drei Regionen auch entwicklungsfähige ländliche Gebiete (z. B. Teile des Kraichgaus und des Odenwaldes sowie die Räume Bühl, Rottenburg und Münsingen), so daß auch ein Abschlag von der Prognose nicht notwendig erscheint, zumal in den Regionen Mittlerer Oberrhein und Unterer Neckar ohnehin praktisch mit einer Stagnation der Einwohnerzahl zu rechnen ist.

c) Ein geringer Zuschlag wird vorgeschlagen für die **Regionen Hochrhein und Bodensee-Oberschwaben** (jeweils + 4000 bzw. + 3000 Einwohner zur Status-quo-Prognose). In beiden Fällen ist nach der Status-quo-Prognose mit einem überdurchschnittlichen, bei Bodensee-Oberschwaben sogar mit einem sehr hohen Bevölkerungswachstum zu rechnen; der Zuwachs für die beiden Regionen konzentriert sich jedoch auf wenige Räume (am Bodenseeufer, im Schussen- und Hochrheintal) und er setzt sich zum Teil noch recht einseitig zusammen (Altenwanderung). Besonders entwicklungsbedürftig und entwicklungsfähig sind in diesen beiden Regionen im wesentlichen nur der Kreis Sigmaringen sowie Teile des Hegaus und des Klettgaus.

d) Für die grenzüberschreitende **Region Donau-Iller** ist ein Richtwert vorgesehen, der beträchtlich über der Status-quo-Prognose liegt (+ 12 000 Einwohner allein für den baden-württembergischen Teil der Region). Dieser Richtwert ist zunächst als Grundlage für Verhandlungen mit dem Freistaat Bayern vorgesehen. Das Innenministerium strebt an, daß Baden-Württemberg und Bayern für die gesamte Region Donau-Iller einen **gemeinsamen** Richtwert verbindlich vorgeben.

e) Für die übrigen **Regionen Franken, Ostwürttemberg, Nordschwarzwald, Schwarzwald-Baar-Heuberg und Südlicher Oberrhein** ist vorgesehen, den Richtwert fühlbar (um jeweils 7000 bis 10 000 Einwohner) über der Status-quo-Prognose festzusetzen.

(Einzelheiten über die Begründung der einzelnen Richtwerte sind aus der Anlage „Die Bevölkerungsentwicklung in den Regionen Baden-Württembergs" zu ersehen.)

4. Vergleicht man den Bevölkerungs **z u w a c h s**, der dem vorgeschlagenen Richtwert für die einzelnen Regionen zugrundegelegt wird, mit den entsprechenden Werten der Status-quo-Prognose, dann sind die Unterschiede zwischen Richtwerten und Prognosen zum Teil beträchtlich, vor allem beim Mittleren Neckarraum. Vergleicht man jedoch den sich jeweils nach Richtwert und Status-quo-Prognose ergebenden Einwohner **s t a n d** für 1990, dann bleiben die Abweichungen zwischen Richtwerten und Status-quo-Prognosen — selbst im Falle des Mittleren Neckarraums — relativ gering. Die Gründe hierfür sind folgende:

a) Das Entwicklungspotential, das zur Entwicklung ländlicher Räume in Frage kommen könnte, ist — vor allem aufgrund des Geburtenrückgangs — wesentlich kleiner, als in den ersten drei Nachkriegsjahrzehnten.

b) Die regionalen Unterschiede in der natürlichen Bevölkerungsentwicklung sind durch die unterschiedlichen strukturellen Verhältnisse weithin vorgegeben (z. B. Stadt/Land).

c) Die Wanderungsentwicklung läßt sich nur langfristig beeinflussen, da die Zuwanderung in entsprechend attraktive Räume nicht von heute auf morgen gestoppt, andererseits eine sehr geringe Attraktivität kurzfristig nicht wesentlich verbessert werden kann.

d) In Baden-Württemberg wird schon seit den 50er Jahren aktiv Regionalpolitik betrieben; dies hat sich inzwischen in einem relativ günstigen Entwicklungstrend in Teilen des ländlichen Raumes ausgewirkt. Die Status-quo-Prognose unterstellt bereits, daß diese Strukturpolitik im bisherigen Umfang fortgesetzt wird. Richtwerte, die über die Status-quo-Prognose hinausgehen, sind also nur insoweit vertretbar, als künftige Förderungsmaßnahmen über das bisherige Maß hinausgehen können. Die relativ geringe Erhöhung der Richtwerte gegenüber den Status-quo-Prognosen bedeutet also nicht, daß die Landesplanung eine geringe Stärkung der ländlichen Räume für ausreichend hält; die Erhöhung der Richtwerte besagt im Gegenteil, daß künftig regionalpolitische Aktivitäten nötig sind, die per Saldo noch über die Maßnahmen früherer Jahre hinausgehen, nachdem deren Auswirkungen schon in den Status-quo-Prognosen enthalten sind.

5. Aus diesen Gründen hält es das Innenministerium nicht für realistisch, Richtwerte vorzugeben, die beim Mittleren Neckarraum noch weiter als vorgeschlagen unter der Status-quo-Prognose und bei den 8 ländlichen Regionen höher als vorgeschlagen über der Status-quo-Prognose liegen.

Würde man weniger auf die raumordnungspolitische Signalwirkung und statt dessen stärker auf die Realisierbarkeit der Richtwerte abheben, so käme als Alternative ein Abschlag von nur 40 000 Einwohnern für den Mittleren Neckarraum und ein entsprechend geringerer Zuschlag für die ländlichen Regionen in Betracht.

6. Geringe Zuwachsraten an Bevölkerung und Arbeitsplätzen bedeuten nicht, daß die Siedlungsentwicklung stagniert oder das Auftragsvolumen der Bauwirtschaft rückläufig sein muß. Für den Neubaubedarf sind nämlich verschiedene andere Gesichtspunkte und Entwicklungen von größerer Bedeutung als das Wachstum nach der Bevölkerungsprognose, z. B.:

a) Der Geburtenrückgang bedingt bis 1990 keinen Rückgang der Zahl notwendiger Neubauwohnungen. Allenfalls wird die abnehmende Belegungsdichte pro Wohnung dazu führen, daß die Wohnfläche der Neubauwohnungen etwas geringer wird. Der Neubaubedarf hängt weniger von der Entwicklung der Gesamteinwohnerzahl ab als vielmehr von der Zahl der Haushalte und dem Rückgang der Belegungsdichte.

b) Die Entwicklung zur Dienstleistungsgesellschaft führt in den Zentralen Orten und dort besonders in den Stadtkernen durch die Ausdehnung des Dienstleistungsbereichs zu einer Abwanderung der Wohnbevölkerung. Dadurch entsteht unabhängig von der zahlenmäßigen Bevölkerungsentwicklung ein beträchtlicher Bedarf an neuen Wohnungen.

c) Auch der Ersatzbedarf für solche Wohnungen, die wegen schwerer baulicher Mängel, wegen nachteiliger Umwelteinflüsse (z. B. Verkehrslärm) oder aus Gründen der Stadt- und Verkehrsplanung beseitigt werden müssen, ist ebenfalls von einer höheren oder niedrigeren Bevölkerungsprognose nicht betroffen.

Mit vorzüglicher Hochachtung

Schiess
Innenminister

Anlage 1

Innenministerium
Baden-Württemberg Den 28. Oktober 1974

**Entschließung des Landesplanungsrats
vom 28. Oktober 1974
über Richtwerte zur Entwicklung von Bevölkerung
und Arbeitsplätzen in den Regionen bis 1990**

1.

Der Landesplanungsrat hält es für notwendig, daß die öffentlichen Planungsträger bei allen raumbedeutsamen Planungen und Maßnahmen möglichst weitgehend von einheitlichen Grundlagen ausgehen. Ein wesentlicher, viele Bereiche berührender Entscheidungsfaktor ist die Entwicklung von Bevölkerung und Arbeitsplätzen. Deshalb sollen den Regionalverbänden verbindliche, auf Landesebene miteinander abgestimmte Richtwerte für die künftige Entwicklung von Bevölkerung und Arbeitsplätzen vorgegeben werden. Die Richtwerte haben vor allem Bedeutung für die wirtschaftliche Entwicklung, die Entwicklung der Infrastruktur und die Siedlungsentwicklung. In vielen Bereichen der Planung wird die Entwicklung der Bevölkerung und der Arbeitsplätze nur ein — in der Regel gewichtiges — Entscheidungselement neben einer Reihe von anderen sein; dort sind neben den Richtwerten jeweils weitere, sachlich und räumlich spezifische Faktoren mit heranzuziehen. Dies gilt insbesondere für die Entscheidungen im Bereich der Bauleitplanung: Bei der Ermittlung des erforderlichen Flächenbedarfs kommen vor allem die Faktoren Rückgang der Belegungsdichte der Wohnungen, Sanierungs- und Auflockerungsbedarf sowie Ersatzbedarf für anderweitig genutzte Wohnungen in Betracht.

Die Richtwerte für die Regionen müssen von den Regionalverbänden auf die Nahbereiche aufgeschlüsselt und unter Berücksichtigung der übrigen Faktoren in raum- und fachspezifische Bedarfsrichtwerte umgesetzt werden. Hierzu müssen für die Regionalverbände weitere — möglichst quantifizierende — Entscheidungshilfen entwickelt werden. Soweit Nahbereiche und örtliche Verwaltungsräume nicht identisch sind, wird empfohlen, auch Richtwerte für örtliche Verwaltungsräume auszuweisen.

2.

Bei der Festsetzung der Richtwerte für die Regionen ist davon auszugehen, daß das Entwicklungspotential aller Regionen des Landes wesentlich geringer ist als in der Vergangenheit. Die Richtwerte müssen deshalb dazu beitragen, daß in den verdichteten Räumen nicht durch überhöhte Planungen ein zusätzliches Wachstum zu Lasten der ländlichen Räume gefördert wird.

3.

Basis der Richtwerte kann nicht ein Wunschdenken, sondern nur eine auf objektiven Grundlagen beruhende Status-quo-Prognose sein. In einer Status-quo-Prognose sind die bisherigen und voraussehbaren Auswirkungen regional-politischer Aktivitäten der Vergangenheit bereits enthalten; daher können sich die Richtwerte nur insoweit von der Prognose entfernen, als zu erwarten ist, daß sich Auswirkungen künftiger regional-politischer Maßnahmen von den entsprechenden Ergebnissen gegenwärtiger und früherer Maßnahmen unterscheiden.

Auch wegen der vielen genehmigten und noch nicht vollzogenen Bebauungspläne sowie der vorhandenen Wohnungshalden und angesichts der in unserer freiheitlichen Gesellschaft beschränkten staatlichen Steuerungsmöglichkeit und des Selbstverwaltungsrechts der Gemeinden müssen die Abweichungen zwischen den Prognosewerten und den planerischen Richtwerten in engen Grenzen bleiben.

Hohe, aber nicht realisierbare Richtwerte könnten sich sogar negativ auswirken, weil sie einen zu günstigen Eindruck über die erwartete Entwicklung erwecken und dadurch mögliche Initiativen zur Stärkung des ländlichen Raumes abschwächen oder verhindern.

4.

In der vom Statistischen Landesamt und vom Innenministerium vorgelegten regionalisierten Bevölkerungsprognose werden bis 1990 insgesamt 262 000 zuwandernde deutsche Einwohner angesetzt; hiervon entfallen rund zwei Drittel auf Zuwanderungen aus anderen Bundesländern. Der Landesplanungsrat hält es für realistisch, diese auf den Entwicklungen der vergangenen Jahre basierenden Ansätze bei der Festlegung der landesplanerischen Richtwerte zugrundezulegen, solange nicht mit einer erheblichen Intensivierung und effektiven Koordinierung der raumordnungspolitischen Maßnahmen des Bundes zu rechnen ist.

5.

Die am wenigsten abschätzbare Komponente der Bevölkerungsentwicklung stellt die nichtdeutsche Bevölkerung dar. Der Landesplanungsrat begrüßt es, daß das Innenministerium zwei mögliche Varianten dieser Teilentwicklung berechnet und dem Landesplanungsrat vorgelegt hat. In Abwägung aller Gesichtspunkte empfiehlt der Landesplanungsrat, grundsätzlich von den Ansätzen der Variante I auszugehen, obwohl diese heute als obere Variante zu betrachten ist und die wahrscheinliche Entwicklung eher in der Nähe der Variante I a verlaufen dürfte.

Nach den jetzt vorliegenden Daten bis Mitte 1974 ist sogar nicht auszuschließen, daß die Bevölkerungszahl im Jahr 1990 unter den Prognosewerten liegen könnte. Hier bleibt jedoch zunächst die Entwicklung während der nächsten Zeit abzuwarten.

Der Richtwert für das ganze Land soll sich von der Summe der regionalen Richtwerte nicht unterscheiden; dies bedeutet, daß der bei der regionalen Richtwertbildung vorgesehenen Zuschläge zur Status-quo-Prognose mit der Summe der Abschläge für andere Regionen identisch sein müssen.

Die nach der Status-quo-Prognose zu erwartende Erhöhung des Ausländeranteils an der Wohnbevölkerung des Mittleren Neckarraums auf über 20 % ist nach Ansicht des Landesplanungsrats nicht mehr vertretbar. Aus diesem Grunde empfiehlt der Landesplanungsrat, den Richtwert für die Region Mittlerer Neckar um etwa 60 000 Einwohner unter der Status-quo-Prognose anzusetzen, und zwar zugunsten solcher Regionen, die noch einer stärkeren Entwicklung bedürfen, entsprechend entwicklungsfähig sind und im Rahmen ihrer Sozialstruktur noch eine größere Zuwanderung, auch von Ausländern, verkraften können.

6.

Der Landesplanungsrat hält es für richtig, daß wegen der relativ engen Beziehungen zwischen der Entwicklung der Einwohnerzahl und der für diese Einwohner benötigten Erwerbsstellen die Richtwerte für die Erwerbsstellen aus den Richtwerten für die Bevölkerung abgeleitet werden. Es ist hierbei allerdings zu berücksichtigen, daß beim Gewinn der Richtwerte für die Zahl der Erwerbsstellen mit einigen

Modifikationen von der unveränderten Beteiligung der einzelnen Altersjahre am Erwerbsleben (Erwerbsquote) ausgegangen worden ist. Die hierbei gewonnenen Werte (Zuwachs von rund 600 000 Erwerbsstellen bis 1990) werden unter Berücksichtigung der ökonomischen Entwicklungsperspektiven noch kritisch zu überprüfen sein. Sie werden aus heutiger Sicht zumindest als Obergrenze einer realistischen Prognose zu betrachten sein. Wegen des größeren Prognoserisikos wird daher empfohlen, die Richtwerte für Erwerbsstellen etwas flexibler zu handhaben und bei erkennbaren Änderungen im Erwerbsverhalten auch unabhängig von der Bevölkerungsprognose zu korrigieren.

7.

Der Landesplanungsrat empfiehlt, für Mitte 1990 folgende Richtwerte vorzugeben:

Region	Richtwerte (in 1000)	
	Einwohner	Erwerbsstellen
Mittlerer Neckar	2 423	1 275
Franken	765	371
Ostwürttemberg	430	212
Mittlerer Oberrhein	884	431
Nordschwarzwald	526	260
Unterer Neckar	1 041	542
Hochrhein	605	287
Schwarzwald-Baar-Heuberg	477	249
Südlicher Oberrhein	904	441
Bodensee-Oberschwaben	554	270
Neckar-Alb	625	315
Donau-Iller	437	229
Landessumme	9 671	4 882

8.

Der Landesplanungsrat ist der Meinung, daß die von ihm empfohlenen Richtwerte ständig beobachtet und mindestens alle fünf Jahre fortgeschrieben werden müssen. Bei starken Veränderungen, insbesondere in der wirtschaftlichen Entwicklung, in der alters- und geschlechtsspezifischen Erwerbsquote, in der Ausländerpolitik oder im generativen Verhalten, müßten sie in kürzeren Zeitabständen fortgeschrieben werden. Vor jeder Fortschreibung der Richtwerte muß auch der Landesplanungsrat unterrichtet werden.

9.

Bezüglich der Region Donau-Iller wird empfohlen, daß das Land Baden-Württemberg und der Freistaat Bayern einen gemeinsamen Richtwert für Einwohner und Erwerbsstellen vorgeben, der für die Gesamtregion verbindlich ist.

Die Verteilung der Bevölkerungsrichtwerte innerhalb der Region

von

Wolfgang Fuchs, Freiburg i. Br.

Der Regionalverband Südlicher Oberrhein hat durch einstimmigen Beschluß seines „Regionalparlamentes" erhebliche Einwände gegen die vorgesehene Anwendung der regionalen Bevölkerungsrichtwerte erhoben. Angesichts der Trendänderungen in der allgemeinen Entwicklung und der bevorstehenden Strukturkrisen, die in einer ländlich geprägten Landschaft, wie dem Verbandsgebiet Südlicher Oberrhein, zu schwer vorhersehbaren Veränderungen führen werden, ist nicht auszuschließen, daß eine absolut stringente und verbindliche Verteilung und einseitige Anwendung von Bevölkerungsrichtwerten zusätzliche Schwierigkeiten hervorruft.

In einem Zeitabschnitt, in dem die Bereitschaft zu Investitionen und Eigeninitiativen nachläßt und die öffentlichen Finanzen so überbeansprucht sind, daß selbst die Finanzierung des gestern noch als notwendig Erachteten infrage gestellt ist, ist eine einseitig ausgelegte Verteilung von Bevölkerungsrichtwerten nach Nahbereichen ein landesplanerisches Instrument zum falschen Zeitpunkt.

Diese Einwände des Regionalverbandes Südlicher Oberrhein sind nicht als grundsätzlicher Einspruch gegen die Formulierung von Bevölkerungs- und anderen Entwicklungsrichtwerten zu verstehen. Eine Landes- und Regionalplanung, die einen wirksamen Einfluß auf die räumliche Ordnung nehmen will, muß sich den Problemen der Quantifizierung von Entwicklungspotentialen stellen und sollte nicht auf ein reines Raumordnungsschema ausweichen.

Auch der Landesentwicklungsplan von Baden-Württemberg ist in Anbetracht der differenzierten ökonomischen und ökologischen Möglichkeiten und Begrenzungen in vielen Punkten überzogen. Eine Anpassung dieses Konzeptes an die wahrscheinlichen und realistischerweise anzustrebenden Entwicklungen ist dringend geboten. Eine solche Anpassung steht aber jetzt noch aus. Inzwischen liegen für das Land Baden-Württemberg lediglich mehrere amtliche Entwicklungsprognosen vor.

Gerade deshalb stellt sich die drängende Frage, von welchen Entwicklungszusammenhängen oder von welchen ressortkoordinierenden Zielen zur Entwicklung des Landes Baden-Württemberg die Bevölkerungsrichtwerte für die 12 Regionalverbände abgeleitet wurden. Die Bevölkerungsentwicklung eines Raumes, insbesondere die Zu- und Abwanderungen, werden entscheidend von ökonomischen und außerökonomischen räumlichen Bedingungen und Entwicklungen mitbestimmt. Inwieweit der komplexe Bereich der Bevölkerungsentwicklung an sich durch politische Maßnahmen beeinflußt oder gar gesteuert werden kann, soll in diesem Zusammenhang nicht näher erörtert werden; denn die landes- und regionalplanerischen Zielsetzungen erheben nicht den Anspruch, die Bevölkerungsentwicklung als solche beeinflussen zu wollen oder beeinflussen zu können.

Der umittelbare Gegenstand der landes- und regionalplanerischen Instrumente ist lediglich auf die räumliche Ausbreitung und Zusammenfassung der Bevölkerung gerichtet. Aber gerade diese räumliche Verteilung der zukünftigen Bewohner wird die Folge einer Verteilung von Entwicklungen und Chancen sein, die ihrerseits in viel weitergehendem Maße Gegenstand entwicklungspolitischer Maßnahmen des Staates sind als etwa die Wanderungsbewegungen selbst.

Bevölkerungsrichtwerte können darum erst dann als politisch ernst zu nehmende Zielvorgaben verstanden werden, wenn sie aus dem Zusammenhang mit staatlichen und kommunalpolitischen Infrastrukturmaßnahmen abgeleitet sind. Den Praktikern ist jedoch geläufig, daß der Herstellung empirisch abgesicherter Korrelationen zwischen der räumlichen Verteilung der Bevölkerung und der wirtschaftlichen sowie infrastrukturellen und ökologischen Entwicklungen der Räume zahlreiche, erhebliche Schwierigkeiten im Wege stehen. Die Glaubwürdigkeit landesplanerischer Ziele zur Verhinderung einseitiger Verdichtungen ist danach zu bemessen, welche finanziellen Mittel in den kommenden Jahren bei der öffentlichen Hand für Maßnahmen zur Verfügung stehen, die gegen den Trend der Bevölkerungsverteilung wirksam werden können. Aber auch auf diesem Feld der Rückkoppelung liegen so gut wie keine Erfahrungen vor. Die Bereitschaft und die Befähigung der Ressorts und Fachbereiche zu solch ressortübergreifenden Rückkopplungen ist in der Regel mehr als gering.

Allenfalls gelingt derzeit eine überschlägige Herstellung und Überprüfung von Zusammenhängen. Daraus ist aber dann landes- und regionalplanerisch abzuleiten, daß auch die Zielgrößen und Richtwerte, die aus solch überschlägigen Zusammenhängen abgeleitet werden, nur einen überschlägigen Aussagegehalt haben können. Zielaussagen und Richtwerte der Landes- und Regionalplanung können nicht konkreter formuliert werden, als sich die Zusammenhänge erfassen lassen, von denen sie abgeleitet sind. In Anbetracht der tatsächlichen methodischen, vor allem der politischen Schwierigkeiten, denen sich die ressortübergreifende Landes- und Regionalplanung gegenübergestellt sieht, drückt sich in dem Konkretisierungsgrad der Bevölkerungsrichtwerte nach den derzeitigen Vorstellungen der Landesregierung der Anspruch auf eine Zielgenauigkeit aus, der nicht erfüllt werden kann.

Wäre noch zu einer Zeit, als die Landesplanung von ungebrochenem Entwicklungstrend notfalls ausgehen konnte, die Erstellung von Bevölkerungsrichtwerten, die auf Status-quo-Prognosen beruhten, annähernd vertretbar gewesen, so ist eine solche Methode in Anbetracht der wirtschaftlichen Wende in den westeuropäischen Industrienationen fragwürdiger geworden denn je. Sollen jedoch die vorgesehenen regionalen Bevölkerungsrichtwerte den landesentwicklungspolitischen Willen zu einer Gegensteuerung zum Ausdruck bringen, so können diese Werte nur insoweit eine verläßliche Orientierung darstellen, als auch der adäquate Einsatz der entwicklungspolitischen Instrumente und deren Finanzierung dazu offengelegt wird. Solange diese Ziel-Mittel-Relationen nicht vorliegen, können die Bevölkerungsrichtwerte allenfalls als Denkanstöße der Landesplanung für ein gesamtentwicklungspolitisches Konzept gewertet werden, was erst noch aufzustellen ist

Aber selbst wenn die regionalen Bevölkerungsrichtwerte auf Landesebene aus einer umfassenden Analyse und Prognose und ressortübergreifenden finanzwirtschaftlich abgestimmten Zielen abgeleitet wären, stünden ihrer beabsichtigten Anwendung, eine Aufteilung nach Nahbereiche vorzunehmen, in der vorgesehenen Form erhebliche Bedenken entgegen. Die den Bevölkerungsrichtwerten für Nahbereiche zugrunde liegende Intension, einer Ausdehnung von Wohnbauflächen Einhalt zu gebieten, die nicht mehr den landesplanerischen Zielen und dem zu erwartenden Bedarf entspricht, wäre besser nachzukommen, wenn die Rahmenbedingungen auf Landesebene grundsätzlich umfassender und damit ausgewogener und bezüglich ihrer Einzelanwendung nach Nahbereichen und Gemeinden weniger eng wären. Ein Genauigkeitsgrad von 50 Einwohnern pro Nahbereich für die nächsten 15 Jahre dürfte bereits das regionalplanerisch vernünftige Maß an Konkretisierung überschreiten. Der vorgesehene Erlaß macht aber den Regionalverbänden solche Aussagen als verbindlichem Bestandteil des Regionalplanes praktisch zur Auflage.

Eine notwendige Flexibilität dadurch zu erreichen, daß in regelmäßigen mittelfristigen Abständen die Bevölkerungsrichtwerte anhand der tatsächlichen Entwicklung überprüft werden, ist weder theoretisch noch praktisch sinnvoll und durchführbar. Für eine kontinuierliche, gemeindliche Entwicklungs- und Raumordnungspolitik ist es nicht vertretbar, das Verteilungsschema der Flächenwidmungen exakt auf 50 Einwohner genau abzustellen und dafür in Abständen von wenigen Jahren Korrekturen in Aussicht zu nehmen. Langfristige Pläne sollten einen langfristig brauchbaren Rahmen schaffen, in dem kurz- und mittelfristige Anpassungen ohne Korrektur des langfristigen Rahmenkonzeptes möglich sind.

Der Regionalverband Südlicher Oberrhein geht davon aus, daß bei der Verteilung der regionalen Gesamtgröße nach Nahbereichen nur jene Gesichtspunkte und Regeln beachtet werden können, die auch beim Zustandekommen des Gesamtwertes auf Landesebene maßgebend waren. So muß sich die Verteilung nach Nahbereichen im wesentlichen auf die bisherige Bevölkerungsverteilung und eine grobe Korrektur nach den allgemeinen landes- und regionalplanerischen Grundsätzen und Zielen abstützen.

Da in Bezug auf die Ausweisung von Wohnbauflächen inzwischen der Grundsatz postuliert und praktiziert wird, daß die Bevölkerungsrichtwerte zu Recht nur eine Bestimmungsgröße u. a. darstellen, hängt die tatsächliche Ausweisung von Wohnbauland entscheidend davon ab, welche weiteren Bestimmungsgründe in die Bedarfsberechnung eingehen und welches Gewicht ihnen dabei jeweils zugemessen wird.

So gesehen reduziert sich richtigerweise die zu erwartende Wirkung einer Aufteilung des regionalen Bevölkerungsrichtwertes nach Nahbereichen auf den kommunalpolitisch psychologischen Bereich. Die Aufteilung konfrontiert jede Gemeindeverwaltung und ihren Gemeinderat mit der in ihr konkretes Handeln übersetzten Erkenntnis, daß für eine absehbare Zukunft nur noch mit einer gegen Null tendierenden Bevölkerungsentwicklung zu rechnen ist.

Regionalplanerisch bedenklich ist dabei die aufkommende Meinung, daß gerade die übrigen Bestimmungsgründe und ihre Bewertung im Zusammenhang mit der Ausweisung von Wohnbauflächen nicht Gegenstand regionalplanerischer Aussagen sein können. Sollte sich diese Meinung durchsetzen, so wird die Regionalplanung gerade aus jenem Entscheidungsbereich hinausgedrängt, von dem der stärkste Einfluß auf die Siedlungsstruktur der kommenden Jahre ausgehen wird. Vor allem sollten die innerregionalen Wanderungsbewegungen in die regionalplanerischen Ziele einbezogen werden.

Ein wirksamer Beitrag der Regionalplanung zur Sicherung einer Siedlungs- und Wohnstruktur, die den im Raum und im Zeitablauf sich ändernden und vielfach auch konkurrierenden Interessen und Bedürfnissen der Bevölkerung entspricht, kann nur dann annähernd befriedigend geleistet werden, wenn die Regionalplanung ihre Hauptanstrengungen, ihre Zielaussagen und die Wahl ihrer Instrumente auf den räumlichen Zusammenhang zwischen Landschaft, Wirtschaft und Versorgung über die Gemeindegrenzen hinaus richtet. Daten der Entwicklungsprognosen und der Entwicklungsrichtwerte haben dabei die Funktion, mittelfristige Restriktionen zu artikulieren. Sie sind geeignet, Wunschvorstellungen zu relativieren und auf das realistische Maß zu reduzieren. Dies besagt aber zugleich, daß die Bevölkerungsrichtwerte korrigierender Maßstab, nicht aber Kernaussage planerischer Zielsetzungen sein können.

Würde auch nur der Eindruck entstehen, daß die Regionalverbände in Baden-Württemberg sich vornehmlich mit der Verteilung der Bevölkerungsrichtwerte beschäftigen, so müßte dies politisch in eine verheerende Kritik an den Regionalverbänden ausmünden. Die zum Teil heftig geführten Debatten über die Bevölkerungsrichtwerte und insbesondere ihre kleinräumige Verteilung und Anwendung sollten wieder in den größeren Zusammenhang zurückgeführt werden. Wäre nur halb so viel Zeit und Kraft auf die entscheidenden Fragen der Siedlungsentwicklung und der sich verändernden Bedürfnisse und Bedingungen verwendet worden, wie auf das begleitende Instrument der Bevölkerungsrichtwerte, so lägen heute Ansätze zu wichtigen Problemen der Siedlungsentwicklung vor, wo derzeit nur mit vagen Hoffnungen operiert wird.

In Anbetracht der weiter absinkenden Entwicklung der Bevölkerung sowie der Unsicherheit zur Entwicklung der Arbeits- und Ausbildungsplätze erweisen sich die Daten der baden-württembergischen Bevölkerungsrichtwerte als optimistische Variante und damit praktisch für die nächsten Jahre als eine Art Flexibilitätszuschlag. Damit reduziert sich für die Regionalplanung die Verteilung der Bevölkerungsrichtwerte nach Nahbereichen auf die Frage, welche Bereiche der Region einen solchen Flexibilitätszuschlag erhalten sollen bzw. verkraften können. Übergemeindliche Funktionen, wie etwa bei einem zentralen Ort, Schwerpunkte durch Schaffung zusätzlicher Arbeitsplätze, vorhandene Verkehrs- und Versorgungsinfrastruktur und die Lage im landschaftlichen Gesamtzusammenhang, sind Gesichtspunkte, die bei der Zuweisung eines solchen Zuschlages Beachtung finden sollten. Je größer die Zahl der Zentralen Orte in einer Region, um so geringer ist der Rest an Flexibilität, der auf die übrigen Gemeinden verteilt werden kann. Auch hier erweist sich, daß zu viele Zentrale Orte für einen ländlich geprägten Raum nicht von Vorteil sind. Und da Regionalplanung aus ihrem Selbstverständnis mehr sein muß als ein Planungsinstrument zur Förderung von Schwerpunkten, zeigt dieser Zusammenhang erneut, daß sich eine sinnvoll arbeitende Regionalplanung nicht zu lange bei dem Thema der Bevölkerungsrichtwerte aufhalten sollte und zu wesentlicheren Gesichtspunkten vorstoßen muß.

Das Problem der Richtwerte in Programmen und Plänen der Raumordnung und Landesplanung

von

J. Heinz Müller und Wolf Dietrich Siebert, Freiburg i. Br.

Gliederung

Einleitung

1.	Definitionen, Einordnung und allgemeine methodische Probleme der Richtwerte
1.1.	Richtwerte: Definition, Begriffsabgrenzungen und Erscheinungsformen
1.1.1.	Definition der Richtwerte
1.1.2.	Begriffsabgrenzungen
1.1.3.	Erscheinungsformen der Richtwerte
1.1.3.1.	Bezugsgrößen für Richtwerte
1.1.3.2.	Zeitlicher Horizont der Richtwerte
1.1.3.3.	Regionalisierung der Richtwerte
1.1.3.4.	Sektorale Differenzierung
1.1.3.5.	Formen der Quantifizierung der Richtwerte
1.1.3.6.	Rechtliche Einordnung / Bindungswirkung
1.1.3.7.	Verbindung zur Finanz- und Investitionsplanung
1.2.	Zu- und Einordnung der Richtwerte im Rahmen der Wirtschaftspolitik
1.2.1.	Programm und Prognose. Gemeinsamkeiten, Unterschiede und Interdependenzen
1.2.2.	Gegenüberstellung von Status-quo-Prognosen und Richtwerten
1.2.3.	Allgemein formulierte Ziele versus Richtwerte
2.	Funktionen der Richtwerte und Anwendungen in Programmen und Plänen der Landesplanung
2.1.	Funktionen der Richtwerte
2.1.1.	Koordinationsfunktion
2.1.2.	Entwicklungsfunktion
2.1.3.	Ordnungsfunktion
2.1.4.	Erfolgskontrollfunktion
2.2.	Herleitung der Richtwerte
2.3.	Selbstverständnis der Planenden bei der Aufstellung und Verwendung von Richtwerten
3.	Richtwerte und Besonderheiten ihrer Anwendung in einzelnen Programmen und Plänen der Raumordnung und Landesplanung in verschiedenen Bundesländern
3.1.	Bayern
3.2.	Baden-Württemberg
3.3.	Hessen
3.4.	Niedersachsen
3.5.	Nordrhein-Westfalen

Zusammenfassung
Anmerkungen
Literaturverzeichnis

Einleitung

Neuere wissenschaftliche Grundlagen haben es ermöglicht, Versuche zur Quantifizierung der Ziele der Raumordnung zu unternehmen. Hierbei spielt die Ermittlung der anzustrebenden Zahl der Bevölkerung und der Arbeitsplätze in Regionen oder Gemeinden eine herausragende Rolle. In diesem Sinne haben „Richtzahlen" oder „Richtwerte" in jüngster Zeit Eingang in zahlreiche landesplanerische Pläne und Programme auf den verschiedenen Ebenen gefunden.

Diese erste Ausweisung eines statistisch meßbaren Orientierungsrahmens hat eine lebhafte Diskussion ausgelöst und zu dem Wunsch geführt, die Untersuchung der methodischen Grundlagen und Voraussetzungen vertieft fortzuführen. Das Präsidium der Akademie hat entsprechende Anregungen gern aufgegriffen und zur Herausarbeitung der Fragestellung sowie zur Zusammenfassung der wichtigsten Literatur einen Forschungsauftrag an den Verfasser vergeben. Das Arbeitsergebnis hat den Charakter einer Pilotstudie, insbesondere als Grundlage für weitere wissenschaftliche Untersuchungen.

*

Ziel dieses Papiers soll es sein, Programme und Pläne der Raumordnung und Landesplanung vor allem auf Ebene der Bundesländer im Hinblick auf die Verwendung von Richtwerten auszuwerten. Hierbei sollen exemplarisch verschiedene Möglichkeiten der Erarbeitung, Abfassung, Verwendung und Einordnung von Richtwerten aufgezeigt werden. Ferner sollen grundlegende methodische und politische Probleme aufgezeigt werden, die sich beim Einsatz von Richtwerten in der Raumordnungspolitik und der Landesplanung stellen.

Es kann kein vollständiger Überblick über die derzeitige Situation in allen Bundesländern gegeben werden, was gerade in letzter Zeit vor dem ständig wechselnden Hintergrund in Form von laufenden Gesetzesänderungen und Umstellungen in der Planungsorganisation sowie bei inhaltlich neuen Plänen und Programmen schon bei exemplarischer Betrachtung für einzelne Länder einigen Aufwand erfordert. Ebenfalls können die sich aufwerfenden Probleme, seien sie allgemein methodischer, ordnungspolitischer oder durchführungsorientierter Natur, nicht umfassend erörtert oder allseitig ausgeleuchtet werden. Es soll vielmehr — oft nur thesenartig formuliert — eine Diskussionsgrundlage geliefert werden, welche auftretende Problematiken anspricht und auf deren Basis eine weitergehende Untersuchung oder Diskussion ansetzen kann, welche Probleme dann sowohl im Detail als auch in ihrer Interdependenz untersucht und die Möglichkeiten — evtl. in Form eines Arbeitskreises — der interdisziplinären Zusammenarbeit sowie der Diskussion mit Planern verschiedener Länder und Planungsebenen nutzt.

Dieser weiterführenden Arbeit sollen auch abschließende Bewertungen vorbehalten bleiben, was die Effektivität, Operationalität und Konformität der Richtwerte als Instrument der Raumordnungspolitik und Landesplanung betrifft.

1. Definitionen, Einordnung und allgemeine methodische Probleme der Richtwerte

1.1. Richtwerte: Definition, Begriffsabgrenzungen und Erscheinungsformen

1.1.1. Definition der Richtwerte

Richtwerte lassen sich zunächst relativ einfach, was ihren grundsätzlichen Charakter angeht — ohne auf Differenzierungen oder spezielle Ausprägungen einzugehen —, definieren. Allen Ausprägungen von Richtwerten ist gemeinsam, daß sie quantitative Angaben mit Zielcharakter für zukünftige Zeitpunkte/-räume sind. Gewissen Basisgrößen (z. B. Bevölkerung) wird von einer Planungsinstanz (z. B. oberste Landesplanungsbehörde) für eine abgegrenzte regionale Einheit (z. B. Regionalverband) und einen zukünftigen Zeitpunkt/-raum ein Wert vorgegeben, der für die untergeordneten Instanzen Zielcharakter hat. Das heißt, diese Instanzen haben im Rahmen ihrer Beeinflussungsmöglichkeiten die Erreichung dieser Zielgröße zu fördern und sollen in ihren sonstigen zukunftsbezogenen Aktivitäten von diesem Wert ausgehen. Damit soll verschiedenen Fachgebieten eine einheitliche Grundlage für ihre politischen und verwaltungsmäßigen Handlungen in Form von Zielwerten bestimmter Basisgrößen gegeben werden.

In erster Linie ist es dieser Koordinierungsgedanke, der der Einführung von Richtwerten in den meisten Bundesländern zugrunde liegt. Damit soll eine Koordination im Sinne einer Kompatibilität der Einzelplanungen verschiedener Ebenen in vertikaler Sicht als auch der Fachplanungen in horizontaler Sicht erfolgen.

Den Richtwerten wird in offiziellen Programmen und Plänen oft der Charakter von Zielen der Landesplanung gegeben. Inwieweit ihnen Zielcharakter oder Mittelcharakter zukommt, soll hier nicht weiter untersucht werden, zumal die Grenze fließend ist: Sicherlich kommt dem Richtwert nicht der Zielcharakter der sog. obersten Ziele der Raumordnung oder der Gesellschaftspolitik zu; insofern sind die Richtwerte als Mittel oder Instrument zur Erreichung dieser Ziele anzusehen. Auf der anderen Seite beziehen sie sich auf Basisgrößen, deren bestimmte quantitative Ausprägungen wiederum mit Mitteln der Wirtschaftspolitik (hier: Regionalpolitik) erreicht werden sollen; insofern besitzen sie für die auf dieser Ebene handelnden wirtschaftspolitischen Instanzen Zielcharakter. Sie sind also anzusiedeln auf der weiten Skala der Ziel-Mittelbeziehungen, wobei die jeweilige Zuordnung von der gewählten Untersuchungsebene abhängt.

1.1.2. Begriffsabgrenzungen

Wurde bisher einheitlich von Richtwerten gesprochen, so finden in den verschiedenen Gesetzen, Programmen und Plänen eine Vielzahl von Bezeichnungen Verwendung. Eine erste grobe Trennung soll hier zunächst vereinfachend zwischen Prognosen und Zielprojektionen gemacht werden, wobei diese Unterscheidung später zu problematisieren ist.

Auf der Seite der Prognosen findet man die Begriffe „Prognose" und „Status-quo-Prognose". Ohne auf die allgemeine Planungs- und Prognoseproblematik einzugehen, kann man Prognosen als bedingte Vorhersagen bezeichnen, die auf der Basis theoretischer Zusammenhänge sowie der Analyse der Vergangenheit für eine definierte Bedingungskonstellation die Entwicklung bestimmter Größen in der Zukunft bzw. deren quantifizierte Werte für Zeitpunkte in der Zukunft vorhersagen. Der Begriff „Status-quo-Prognose" bezeichnet dabei die Art der Bedingungskonstellation. Wieweit man den Begriff der Konstanz dieser Konstellation dabei faßt, ist fließend, so daß man genau auf die

Eingangsbedingungen einer Status-quo-Prognose schauen muß, um deren Ergebnisse richtig evaluieren zu können. Je nach Enge oder Weite dessen, was man unter einer unveränderten Politik im Sinne der Status-quo-Bedingungen versteht, verschwimmt die Grenze zu den Zielprojektionen.

Die Begriffe „Richtwert", „Richtzahl" und „Zielprojektion" sind als weitgehend synonym anzusehen.

„Zielprojektion setzt voraus, daß Zielvorstellungen über eine optimale regionale Entwicklung bestehen und die Status-quo-Entwicklung von dieser abweicht. Zielprojektion bezieht sich auf die Verringerung dieser Differenz, die man durch entsprechende Instrumente erreichen kann und will, also wünschbar, realisierbar und durchsetzbar ist"[1]).

In der Regel erfolgen Zielprojektionen somit nach der Entwicklung von Status-quo-Prognosen. Das Verhältnis der Werte der Prognose und der Zielprojektion sagt somit etwas aus über die Ehrgeizigkeit der Planung und über den Veränderungswillen gegenüber bisher verfolgter Politik.

Während sich Richtwerte in der Regel auf Basisgrößen wie Bevölkerung, Arbeitsplätze oder Bruttoinlandsprodukt beziehen, stellen die Versorgungsrichtwerte/-zahlen eine Art Zielgröße für Standards dar, die in Form von Relationen (meist bezogen auf Bevölkerungsgrößen) das Niveau der Lebens- und Arbeitsbedingungen messen und in ihrer Gesamtheit als eine Art Index zur Messung der „Lebensqualität" verstanden sein wollen. Über diese Relationen, die als Zielgröße vorgegeben werden, soll zugleich die Verbindung zwischen der längerfristigen Planung bezüglich der angesprochenen Basisgrößen und der kurz- und mittelfristigen Finanz- und Investitionsplanung hergestellt werden.

1.1.3. Erscheinungsformen der Richtwerte

1.1.3.1. Bezugsgrößen für Richtwerte

Zunächst lassen sich die Richtwerte danach unterscheiden, auf welche Bezugsgrößen sie Anwendung finden.

a) Bevölkerungsrichtwerte

Die bedeutendste Bezugsgröße, die zugleich als Ausgangsgröße für weitere Prognosen und Richtwerte dient, ist die Bevölkerung. Die Entwicklung der Bevölkerung insgesamt in einem Bundesland sowie die Regionalisierung dieser Entwicklung auf Teilräume, wie sie den planenden bzw. beschlußfassenden Instanzen als wahrscheinlich, wünschenswert und zugleich realisierbar erscheint, wird hier für zukünftige Zeitpunkte/-räume in Richtwerten festgelegt.

Diese für Regionalpolitik und Landesplanung zentrale Größe wird häufig in die für ihre Entwicklung hauptsächlich relevanten Faktoren zerlegt. Dabei treten neben die natürliche Bevölkerungsentwicklung (mit der Prognose der Geburten- und Sterberaten) die Veränderungen infolge von Wanderungen. Hierbei sind die Wanderungssalden mit dem Ausland, mit anderen Bundesländern und für die regionalisierten Werte die Binnenwanderungssalden innerhalb des Landes zu berücksichtigen.

---

[1]) Arbeitskreis I des Fortbildungsseminars der Bundesforschungsanstalt für Landeskunde und Raumordnung am 23/24. April 1975 zum Thema: „Regionalisierte Zielprojektionen für Bevölkerung und Arbeitsplätze". In: Informationen zur Raumentwicklung, Heft 4/5 1975, Bonn 1975, S. 119; im folgenden zitiert als ‚Fortbildungsseminar Zielprojektionen'.

Während sich die natürliche Bevölkerungsentwicklung als weitgehend unbeeinflußbar durch die Mittel der Regionalpolitik darstellt und somit meist eine Übernahme der Zahlen aus der Status-quo-Prognose erfolgt, sieht man Möglichkeiten einer Beeinflussung der Wanderungssalden durch eine entsprechende Politik, so daß sich vor allem in der Projektion dieser Salden das Konkurrenzverhältnis der verschiedenen Teilräume äußert. Hier hat auch die Erscheinung ihren Ursprung, daß die Summe der unabhängig voneinander aufgestellten regionalen Zielwerte der Länder in der Regel deutlich über den Prognosen für die Gesamtbevölkerung der BRD liegt[2]). Hier dürfte oft bei den beschlußfassenden Gremien ein gewisses Wunschdenken mitspielen, was den Anteil des eigenen Landes bei der Verteilung des insgesamt zur Verfügung stehenden Potentials angeht.

Neben diesen Richtwerten über die Gesamtbevölkerungszahl finden sich differenzierte Werte, welche die Entwicklung nach Geschlechtern und Altersaufbau differenziert prognostizieren und als Richtwerte festlegen. Besonders diese differenzierten Werte stellen die Grundlage für die zweite wesentliche Bezugsgröße, die Arbeitsplätze oder Erwerbsstellen, dar.

b) Richtwerte für Arbeitsplätze/Erwerbsstellen

Der Ausdruck „Erwerbsstellen" erscheint hierbei geeigneter, um Verwechslungen mit dem Begriff der Arbeitsplätze in technisch-organisatorischer Sicht zu vermeiden. Die Entwicklung der Erwerbsstellen ist als Resultat des Zusammenwirkens im wesentlichen zweier Hauptdeterminanten zu sehen: einmal der zuvor beschriebenen Bevölkerungsentwicklung mit ihrem Altersaufbau (und dessen Veränderungen) und der Differenzierung nach Geschlecht und Familienstand; zum anderen einer nicht-demographischen Komponente, die sich vor allem aus der wirtschaftlichen Entwicklung (in Niveau und Struktur), aber auch aus Einflüssen gesellschaftlicher und politischer Natur zusammensetzt.

Die Zahl der Erwerbsstellen kann weiter sektoral nach einzelnen Wirtschaftsbereichen differenziert werden. Wie weit eine Differenzierung hierbei gehen kann, hängt davon ab, inwieweit längerfristige sektorale Prognosen auf relativ gesicherter Grundlage möglich erscheinen und inwieweit man politische Einflußnahmen sektoraler Art in Form der Beeinflussung dieser Strukturen im Rahmen unserer Wirtschaftsordnung für möglich hält.

Prognostische Unterlagen über die sektorale Entwicklung scheinen aber — soweit möglich — gerade angesichts jüngerer Untersuchungen sehr wertvoll für die Einschätzung des Entwicklungspotentials von Regionen zu sein, da der sektoralen Struktur immer mehr Gewicht gegenüber den regionalen Besonderheiten zugeschrieben wird.

c) Richtwerte für das Bruttoinlandsprodukt

Neben der Entwicklung der Bevölkerung und der Erwerbsstellen ist das Niveau der Wirtschaftstätigkeit eine Hauptkomponente, an der die langfristige Entwicklungsplanung ansetzen muß.

Das Niveau der Wirtschaftstätigkeit — darstellbar über Höhe und Entwicklung des Bruttoinlandsproduktes — stellt sogar eine Schlüsselgröße dar, die stark auf die Entwicklung der beiden anderen bisher behandelten Größen ausstrahlt. So bestimmt die wirtschaftliche Entwicklung in ihrer absoluten und relativen Höhe den Umfang des Ent-

---

[2]) Vgl. W. SELKE: Diskrepanzen zwischen globalen und regionalen Zielprojektionen für Bevölkerung und Arbeitsplätze. In: Fortbildungsseminar Zielprojektionen, S. 154, Tab. 1.

wicklungspotentials und die relative Stärke einer Region im Verhältnis zu anderen. Hieraus ergeben sich wiederum unmittelbare Wirkungen auf die Zahl der Erwerbsstellen und mittelbare — bei entsprechenden regionalen Unterschieden — auf die Wanderungsbewegungen der Bevölkerung. Ebenso wird hierdurch die Finanzkraft der öffentlichen Hand in der Zukunft bestimmt, die wiederum den Möglichkeiten staatlichen Eingriffs in die Entwicklung den quantitativen Rahmen setzt.

Zugleich bestehen aber bei dieser Schlüsselgröße die größten prognostischen Unsicherheiten. Gerade in der längerfristigen Planung bilden neben den Schwierigkeiten der kurz- und mittelfristige Prognose der wirtschaftlichen Entwicklung vor allem die einschneidenden Strukturbrüche, die z. T. Ursachen aus dem außerökonomischen Bereich folgen, ein nur schwer zu erfassendes und kaum vorhersehbares Phänomen.

Über solche langfristigen Prognosen hinaus, die damit sowieso schon auf einer unsicheren Basis stehen, noch Richtwerte für Wachstumsraten in Zeithorizonten von 10 bis 20 Jahren aufstellen zu wollen, scheint die Möglichkeiten der Planung generell und speziell in einer freiheitlichen, dezentral-organisierten Wirtschafts- und Gesellschaftsordnung zu sprengen. Zeigen sich schon in der Konjunkturpolitik die Grenzen der Beeinflußbarkeit der Wirtschaftstätigkeit durch den Staat, so gilt dies um so mehr für die langfristige Entwicklung. Selbst unverbindliche Eckdaten der wirtschaftlichen Entwicklung für mittel- und langfristige Zeiträume erscheinen nach dem heutigen Erkenntnisstand als kaum aufstellbar und in ihren Auswirkungen gefährlich, da schon geringe Unterschiede in den (geplanten) Wachstumsraten über längere Zeiträume hinweg — gemäß der Logik der Zinseszinsrechnung — zu hohen absoluten Abweichungen führen, die das zur Verfügung stehende Potential falsch einschätzen lassen und so Anlaß zu erheblichen Fehlplanungen sein können. Richtwerten, die sich auf diese Größen über einen Zeitraum von 10 bis 20 Jahren beziehen, kann für eine operationale Politik keine Funktion zukommen, die inhaltlich sinnvolle Orientierungspunkte setzt und eine Koordination erlaubt.

Daß entsprechende Richtwerte weiterhin sektoral differenziert werden können, sei nur der Vollständigkeit halber erwähnt, da sich die Unsicherheit der Prognosen in einer sektoralen Differenzierung noch erhöht.

Können langfristige Eckwerte mit allen Vorbehalten dazu dienen, grobe Vorstellungen von Entwicklungsmöglichkeiten zu erhalten, sofern sich gewisse Entwicklungen — auch im außerökonomischen Bereich — der Tendenz nach abzeichnen, scheint das Instrumentarium der Richtwerte für langfristige Planungen in dieser Anwendung überstrapaziert.

Aus der Verknüpfung verschiedener Richtwerte der angesprochenen Bezugsgrößen lassen sich Relationen bilden, die neben die Richtwerte in ihrer absoluten Fassung treten: so z. B. Angaben über das Bruttoinlandsprodukt je Erwerbstätigen oder je Einwohner.

d) Versorgungsrichtwerte

Um über diese pauschalen Relationen hinaus noch weitere Aussagen über ein angestrebtes Versorgungsniveau auch in seiner Struktur machen zu können, werden Versorgungsrichtwerte oder Versorgungszahlen aufgestellt. Ganz vereinfacht stellen sie Standards dar, die einzelne Versorgungsgrade der Bevölkerung messen und den Bezug bestimmter (meist öffentlicher) Einrichtungen zur Gesamtbevölkerungszahl — oder alters-

oder geschlechtsspezifischen Teilmengen daraus — aufstellen. So gibt es Versorgungsrichtwerte für Kindergärten, Krankenhäuser, Sport- und Freizeitanlagen, Altenheimplätze etc., die im Zusammenhang mit den Bevölkerungsrichtwerten den Bedarf an diesen Einrichtungen messen, um eine angemessene Versorgung der jeweiligen Region zu erreichen.

1.1.3.2. Zeitlicher Horizont der Richtwerte

Der zeitliche Horizont der Richtwerte liegt in den Plänen und Programmen der Landesplanung, die momentan vorliegen oder aufgestellt werden, bei einem Zeitraum von 10, 15 oder 20 Jahren. So sind die langfristigen Richtwerte der einzelnen Pläne und Programme — je nach Zeitpunkt der Planaufstellung — auf die Jahre 1980, 1985 oder 1990 ausgerichtet, was sich schon in den Titeln der Entwicklungspläne/-programme niederschlägt wie z. B. „Hessen '80" oder „Niedersachsen 1985". Diese Richtwerte sollen in unterschiedlicher zeitlicher Folge fortgeschrieben und angepaßt werden, wobei z. T. spezielle Pläne für zeitliche Teilabschnitte aufgestellt werden (z. B. Hessen), z. T. periodische Raumordnungs- und Entwicklungsberichte den Rahmen der Weiterentwicklung und Anpassung abstecken.

1.1.3.3. Regionalisierung der Richtwerte

Zunächst soll zwischen regionalen und regionalisierten Richtwerten unterschieden werden. Dabei werden unter regionalen Richtwerten Werte verstanden, die speziell für bestimmte Räume, etwa der Bundesrepublik (z. B. ein Bundesland), entwickelt worden sind. Grundlage hierfür ist meistens eine Status-quo-Prognose, die für den betreffenden Teilraum aufgestellt wurde. Hierbei erfolgt nicht immer eine Abstimmung mit den globalen Werten der Status-quo-Prognosen oder Zielvorstellungen für den Gesamtraum (Bundesrepublik), woraus sich dann auch Differenzen beim Vergleich der globalen und der Summe der einzelnen regionalen Werte ergeben. Es liegt also nicht eine einfache Herunterrechnung von globalen Werten vor, sondern eine spezifische Ermittlung für den betreffenden Teilraum.

Wird nun diese z. B. für ein Land ermittelte Richtzahl von der Planungsbehörde des Landes weiter regional differenziert, so ergeben sich regionalisierte Richtwerte. Diese stellen also eine Disaggregation der regionalen Richtwerte dar, wobei Besonderheiten von Regionen berücksichtigt und Schwerpunkte der Entwicklung gesetzt werden können. Die räumlichen Einheiten für diese weitere Differenzierung der Richtwerte entsprechen dabei zumeist den verwaltungsmäßigen Abgrenzungen und dem organisatorischen Aufbau der regionalpolitischen/landesplanerischen Instanzen. So werden die einzelnen Bundesländer in drei (Nordrhein-Westfalen)[3], fünf (Hessen), zwölf (Baden-Württemberg) oder vierzehn (Niedersachsen) Teilräume untergliedert, für die den zuständigen Instanzen (Regionalverbänden, Landesplanungsgemeinschaften) regionalisierte — d. h. im Rahmen der regionalen Richtzahlen aufeinander abgestimmte — Richtzahlen vorgegeben werden, welche wiederum in regionalen Entwicklungsplänen weiter zu disaggregieren sind.

Kommt die Entwicklung von regionalen Richtzahlen für ein Bundesland so mehr auf induktivem Wege zustande, ist der Prozeß der Regionalisierung dieser Zahlen auf Teilräume als weitgehend deduktiv zu bezeichnen. Das liegt einmal im föderalistischen Auf-

---

[3] Nach dem neuen Landesentwicklungsprogramm werden keine regionalisierten Richtwerte für Teilräume mehr aufgestellt.

bau der Bundesrepublik begründet, zum anderen aber auch darin, daß Prognosen für kleine regionale Einheiten einen relativ großen Fehlerspielraum aufweisen und sich Theorien der regionalen Entwicklung nicht ohne Einschränkung auf kleine regionale Einheiten anwenden lassen.

Daneben stehen auf Bundes- und Landesebene bei der Richtwertebestimmung originäre bevölkerungspolitische Ziele im Mittelpunkt, an deren Stelle im Zuge der Regionalisierung immer mehr derivate Ziele treten. Während die originären Ziele durch die Vorstellung von einer nach Zahl und Zusammensetzung ausgewogenen Bevölkerung bestimmt werden, orientieren sich die derivativen Ziele mehr an der Funktionsfähigkeit von Räumen[4]).

Bei beiden Arten der Ermittlung von Richtwerten befindet man sich aber nicht auf dem Boden theoretisch abgesicherter Erkenntnis: Einmal ist festzustellen, „daß es bisher keine wissenschaftlichen Verfahren gibt, um Zielrichtwerte stringent von bestimmten Rahmenvorstellungen herzuleiten und alle Interdependenzen zwischen den Zielrichtwerten präzise zu erfassen und zu evaluieren"[5]). Auf der anderen Seite gilt der Einwand: „Eine schematische Herunterrechnung von Zielrichtdaten ‚von oben nach unten', d. h. von Bundes- oder Landesgesamtwerten auf kleinere Raumeinheiten, scheint nicht angebracht und administrativ auch nicht möglich zu sein"[6]) und „Richtwerte werden überwiegend im Rahmen der politischen Kompromißfindung festgelegt"[7]).

Ist man sich dieser Unsicherheiten bei der Herleitung von Richtwerten bewußt, kann man die Richtzahlen auch nicht bedingungslos als stringent abgeleitetes Ergebnis aus den Entwicklungszielen ansehen.

Die Diskussion, inwieweit z. B. regionalisierte Richtwerte — wenn sie als fixe Zahlen vorgegeben werden — sich zu 100 % addieren müssen oder inwieweit eine weniger stringente Form der Vorgabe als Ausdruck eines regionalen Konkurrenzprinzips gelten darf, verliert damit auch ihre Schärfe.

Als Fazit ist festzuhalten, daß regionale Richtzahlen Unsicherheitsmomente in sich bergen, deren Gewicht mit der Regionalisierung wächst, so daß man die Art der Vorgabe und die Stringenz der Bindung an diese Zahlen entsprechend variieren sollte.

Neben dieser regionalen Differenzierung im engeren Sinne kann zudem eine Differenzierung der Richtwerte erfolgen, die sich an gewissen (funktional abgegrenzten) Kategorien von Gebieten ausrichtet. So wird z. B. in Nordrhein-Westfalen im Landesentwicklungsprogramm von 1964 der bis 1980 erwartete Bevölkerungszuwachs (2,1 Mio.) auf die Gebietskategorien Ballungskerne (+ 0,6 Mio), Ballungsrandzonen (+ 0,5 Mio.) und ländlichen Zonen (+ 1,0 Mio.) verteilt. Diese Differenzierung folgt mehr allgemeinen Zielvorstellungen und wird erst in ihrer konkreten Anwendung auf regional abgegrenzte Gebiete zum Richtwert mit dem Charakter einer direkten Handlungsanweisung für untergeordnete Instanzen.

1.1.3.4. Sektorale Differenzierung

Möglichkeiten einer sektoralen Differenzierung ergeben sich im Bereich der Richtzahlen für die Erwerbsstellen und für das Bruttoinlandsprodukt. Sie reichen von einer gro-

---

[4]) Vgl. Planungsbericht des Arbeitskreises II des Fortbildungsseminars Zielprojektionen, S. 121.
[5]) Ebenda, S. 122.
[6]) Ebenda, S. 122.
[7]) Ebenda, S. 122.

ben Unterteilung in primäre, sekundäre und tertiäre Bereiche bis zu einer spezifizierten branchenmäßigen Untergliederung.

Dabei stellt sich im Prognosebereich hauptsächlich die Frage, inwieweit sektorale Prognosen für Arbeitsplätze und Anteile am Bruttoinlandsprodukt mit hinreichender Genauigkeit möglich sind.

Der Bedarf an prognostischen Aussagen über die sektorale Strukturierung der wirtschaftlichen Aktivitäten erscheint angesichts der Bedeutung, die eben diese sektorale Struktur für die Entwicklung einer Region hat, groß. Als klein dagegen dürften die Möglichkeiten der Politik eingeschätzt werden, im Rahmen unserer Wirtschaftsordnung mit signifikantem Ergebnis steuernd in die sektorale Entwicklung einzugreifen.

1.1.3.5. Formen der Quantifizierung der Richtwerte

Die Verwendung von Richtwerten als Instrument der Politik wird allgemein gegenüber den früher oft leerformelhaft wirkenden Zielformulierungen der Raumordnungspolitik als ein Schritt hin zur Operationalisierung verstanden. Gemäß der verwendeten Definition der Richtwerte beinhalten sie — bezogen auf bestimmte Basisgrößen — quantitative Angaben mit Zielcharakter für zukünftige Zeitpunkte/-räume.

Die Formulierung der Richtwerte kann aber in verschiedenen Formen erfolgen, was einmal die Frage der rechtlichen Bindungswirkung angeht, aber auch Ausdruck einer unterschiedlichen Stringenz der Vorgabe dieser Richtwerte sein kann.

Als schwächster Grad der Festlegung eines Richtwertes kann die verbale Formulierung des Ziels der Konstanz einer Größe angesehen werden. So findet sich im neuen Landesentwicklungsprogramm Nordrhein-Westfalens die Formulierung: „ ... im Rahmen der angestrebten Gesamtentwicklung des Landes ist bis zum Jahre 1985 von einer im wesentlichen unveränderten Einwohnerzahl auszugehen"[8]. Diese Formulierung gibt durch den Zusatz „im wesentlichen" einen gewissen Spielraum, der Abweichungen in einer begrenzten Schwankungsbreite zuläßt[9].

Eine verbale Formulierung ohne diese Schwankungsbreite ist ebenfalls denkbar. Eine solche verbale Formulierung als Richtwert zu interpretieren, scheint aber nur vertretbar im Falle der Forderung nach Konstanz einer Größe. Wird ohne nähere Erläuterung bzw. Zusatz von Zahlen die Erhöhung oder Verminderung einer Größe gefordert (z. B. „Wachsen der Bevölkerung"), so ist dieses zwar keine Leerformel und auch — in gewissen Grenzen — operational im Sinne der zumindest tendenziellen Überprüfbarkeit an der Realität. Die Beschreibung des Zielzustandes ist aber nicht genügend abgegrenzt, um als genaue Beschreibung eines Richtwertes gelten zu können.

Die nächste Stufe ist das Setzen von Richtwerten, die zwar formal als Zielwert gelten, aber mit dem Zusatz versehen sind, daß das Abweichen in *einer* Richtung vom vorgegebenen Wert ebenso als Zielerfüllung angesehen wird. Insofern nehmen die Richtwerte hier die Form von Unter- oder Obergrenzen an, von denen lediglich in einer Richtung nicht

---

[8] Gesetz zur Landesentwicklung vom 19. 3. 1974. In: Gesetz- und Verordnungsblatt für das Land Nordrhein-Westfalen, Düsseldorf 28/1974, 15, § 23.

[9] In Ausrichtung auf das Bundesraumordnungsprogramm nimmt man eine zugelassene Schwankungsbreite von ± 2 % um den Eckwert von 17 Mio. an. Vgl. D. MICHEL: Regionalisierte Richtwerte für Bevölkerung und Arbeitsplätze im Rahmen der nordrhein-westfälischen Landesentwicklung. In: Fortbildungsseminar Zielprojektionen, S. 170.

abgewichen werden darf. Im Extremfall kann man die Funktion solcher Werte aber nicht mehr in formalem Sinne als Ziel, sondern mehr als Nebenbedingung auffassen, wobei die Erreichung anderer Ziele in den Vordergrund tritt unter der Nebenbedingung, daß die gesetzten Grenzwerte nicht über- oder unterschritten werden.

So wird im bayerischen Landesentwicklungsprogramm in der Begründung zu den Richtzahlen auf die sog. Ordnungs- und Entwicklungsfunktion hingewiesen, wobei im Falle der Entwicklungsfunktion die Richtzahlen eine Unter-, im Falle der Ordnungsfunktion eine Obergrenze darstellen.

Der nächste Schritt ist die Festlegung von Richtwerten in Bandbreiten, die zwischen einem unteren und einem oberen Wert einen Spielraum lassen, der den Eigeninitiativen der jeweiligen Instanzen Platz läßt und der Unsicherheit der zukünftigen Entwicklung Rechnung trägt. Solche Bandbreiten können auch durch Eckwerte, um die herum bestimmte prozentuale Abweichungen in beiden Richtungen zugelassen werden, ausgedrückt werden.

Gerade bei langfristigen Zielaussagen, die auf Grund der prognostischen Unsicherheiten nicht auf exakten Vorhersagen aufbauen können, scheint diese Zielformulierung adäquater als das Setzen von festen „spitzen" Werten.

Außerdem wird oft politisch diese gewisse Unschärfe als erwünscht angesehen, da „... ein gemeinsamer Entwicklungsspielraum zur Ausbalancierung zwischen den Zielen aus Landessicht einerseits und aus regionaler bzw. gemeindlicher Sicht andererseits für planerisch erwünscht gehalten (wird) (u. a. zielorientiertes Gegenstromprinzip, Konkurrenzprinzip)"[10].

Andererseits bergen die zugelassenen Abweichungen von Eckwerten wiederum die Gefahr, daß alle untergeordneten Instanzen von den jeweils angesetzten Höchstwerten ausgehen und es so insgesamt zu Fehldispositionen kommen muß.

Schließlich ist die Möglichkeit einer Kontrollrechnung bei der Vorgabe fester Werte methodisch einfacher.

Die stringenteste Form schließlich sind die festen Richtwerte, die als fixierte Zahlen mit Zielcharakter vorgegeben werden. Sie sind zwar formal am unkompliziertesten, jedoch inhaltlich sowohl aus Sicht der Aufstellung als auch aus Sicht der Erfüllung die problemgeladenste Variante. Auch wenn nur auf diesem Wege eine Addition regionalisierter Richtwerte zu exakt 100 % der regionalen Richtzahl (oder Status-quo-Prognose) möglich ist, spiegelt diese Exaktheit auf dem Papier methodisch-theoretisch sowie operational-politisch eine Genauigkeit vor, die bei den vorliegenden Bezugsgrößen mit multilateralen Einflußfaktoren nicht vorhanden und auch nicht erreichbar sein dürfte.

1.1.3.6. Rechtliche Einordnung/Bindungswirkung

Die Problematik der Richtwerte äußert sich in rechtlicher Sicht auf zwei Ebenen. Einmal stellt sie sich mehr aus genereller ordnungspolitischer Sicht: Die Vereinbarkeit eines tendenziell zentralistischen Instruments der Planung innerhalb eines Wirtschaftssystems der sozialen Marktwirtschaft auf der einen und innerhalb eines Staatsaufbaues, der vom Gedanken des Föderalismus und der kommunalen Selbstverwaltung geprägt ist, auf der anderen Seite.

---

[10] S. Ebenda, S. 170.

Zu diesen Problemen soll hier nicht näher Stellung bezogen werden, da allgemeine ordnungspolitische sowie öffentlich-rechtliche Erörterungen den Rahmen der Arbeit sprengen würden.

Zum zweiten stellt sich die Frage nach der rechtlichen Einordnung aber auch auf der mehr praxisbezogenen Ebene der Veröffentlichung und rechtlichen Formulierung/Ausstattung der Richtwerte. Hierbei geht es um keine generelle Vereinbarkeit oder Unvereinbarkeit, sondern um die Frage, wie dieses Instrument der Richtwerte im Rahmen des geltenden Rechts ein- und durchgesetzt werden kann und wie es bezüglich der Bindungswirkung für untergeordnete Instanzen in vertikaler und für Fachplanungen in horizontaler Sicht zu bewerten ist. Auch hier können die spezifisch rechtlichen Probleme nicht erörtert werden. Es soll jedoch verwiesen werden auf den Beitrag von R. Buchsbaum auf dem Fortbildungsseminar der Bundesanstalt für Landeskunde und Raumordnung[11]) und die Studie von G. Klein über „Die Rechtsnatur und Bindungswirkung der Ziele der Landesplanung"[12]). Hier wird die anstehende rechtliche Problematik diskutiert sowie auf weitere diesbezügliche Veröffentlichungen verwiesen.

1.1.3.7. Verbindung zur Finanz- und Investitionsplanung

Sämtliche rechtlichen Probleme sowie solche der Durchsetzbarkeit der Richtwerte, ebenso wie die Frage nach ihren Funktionen, bleiben letztlich formale Probleme, wenn auf der Ebene der Durchsetzung nicht die Weichen gestellt werden, um ihnen den materialen Hintergrund zu geben, der maßgeblich darüber entscheidet, daß Richtzahlen nicht nur auf dem Papier gewisser Pläne stehen, sondern daß Maßnahmen getroffen werden, die eine Erreichung dieser Ziele möglich machen. Neben Regelungen, wie z. B. der Aufstellung von Vorschriften etc., die keine öffentlichen Mittel i. e. S. beanspruchen, gehört dazu in materialer Sicht die Einsetzung von öffentlichen Mitteln in den Etats der jeweils handelnden Körperschaften. Nur mit dem Einsatz öffentlicher Mittel können die Maßnahmen investiver und nichtinvestiver Art ergriffen werden, die im weitesten Sinne raumwirksam sind, d. h. Einfluß auf die Raumordnung nehmen. Eine Erreichung der Richtwerte als Ziel der Politik ist also nur bei entsprechendem Einsatz öffentlicher Mittel auf allen beteiligten Ebenen möglich. Insofern kann nur die Abstimmung der vorhandenen Etats aller beteiligten Ebenen mit den Richtwerten für eine „richtwertkonforme" Regionalpolitik den Grundstock legen. Es ist also vorab eine Abstimmung und Ausrichtung der Haushalts- und Investitionspläne mit bzw. an den gesetzten Richtwerten nötig.

Aus der Sicht von oben können die Richtwerte in regionalisierter Form auch materieller Ausdruck der gesetzten Prioritäten sein, wenn z. B. das Land die Verteilung der öffentlichen Mittel und die Standorte der raumwirksamen Investitionen entsprechend den Richtwerten verteilt. Hierzu sind eine Planung ex ante und eine Rechenschaft ex post notwendig, die Anhalt sind bzw. Auskunft geben für/über die regionalisierte Verwendung raumwirksamer Mittel.

Diese Ausrichtung der Verwendung öffentlicher Mittel entsprechend den über Richtwerte gesetzten räumlichen Prioritäten ist der Vollzug der Politik, die mit der Aufstellung der Richtwerte gefordert wird. Ebenso können Mittelverwendungen unter-

---

[11]) R. Buchsbaum: Zur verfassungsrechtlichen Problematik regionalisierter Zielprojektionen. In: Fortbildungsseminar Zielprojektionen, S. 189 f.
[12]) G. Klein: Zur Rechtsnatur und Bindungswirkung der Ziele der Landesplanung. In: Beiträge zur Umwelt-, Raum- und Siedlungsforschung, hrsg. von W. Ernst und R. Thoss, Münster 1972.

geordneter Instanzen je nach der Konformität mit den Richtwerten gefördert bzw. gebremst werden, indem entsprechende Zuschüsse/Beteiligungen gewährt oder nicht gewährt werden. Schließlich müssen die untergeordneten Instanzen die ihnen vorgegebenen Richtwerte je nach dem Spielraum, der durch ihr Haushaltspotential gekennzeichnet ist, durch eine entsprechende Verteilung der von ihnen eingesetzten Mittel beachten.

Hilfsmittel und Orientierungswerte hierzu können die Versorgungsrichtwerte bzw. Versorgungszahlen sein, die den Bezug zu den Richtzahlen für die Bevölkerung bzw. die Arbeitsplätze herstellen. Dabei kann es notwendig sein, daß die globalen Bevölkerungswerte differenziert nach Geschlecht und Alter ausgewiesen werden, um einen sinnvollen Bezug, z. B. zu notwendigen Kapazitäten an Kindergärten oder Altenheimen, herstellen zu können. Über eine solche Kombination der Versorgungsrichtwerte mit den (differenzierten) Richtwerten für die Bevölkerung ergeben sich quasi Zielbedarfe an öffentlichen Einrichtungen für zukünftige Zeitpunkte, die ihren Niederschlag in der mittelfristigen Finanz- und Investitionsplanung finden müssen.

Dementsprechend sind sämtliche relevanten Fachpläne der einzelnen Ressorts mit ihrer Verteilung der Mittel in regionaler Sicht auf die entsprechenden Zielwerte auszurichten. Diese notwendige weitreichende Ausrichtung an den Richtwerten erfordert Mittel der Koordination in horizontaler wie in vertikaler Sicht, die alle betroffenen Ebenen zur Mitarbeit zwingen.

Unter den Bundesländern scheint diese Verbindung am konsequentesten in Hessen gezogen zu sein. Endgültige Aussagen über den tatsächlichen Stand und die Effektivität der regionalen Koordinierung der Finanz- und Investitionsplanung sind aber auch hier z. Z. noch nicht möglich: „Eine erste überschlägige Ergebnisrechnung für den ersten Durchführungsabschnitt des Landesentwicklungsplanes von 1971 bis 1974 zeigt, daß die Verteilung der finanziellen Mittel auf die einzelnen Aufgabenbereiche und die einzelnen Regionen weitestgehend den Zielvorstellungen entspricht. Eine stringentere Überprüfung, insbesondere im Hinblick auf die gezielte Lokalisierung der Investitionen ..., wird erst nach Erstellung der regionalen Raumordnungspläne und einer entsprechenden Zeit der Anwendung möglich werden"[13]). Was für Hessen gilt, dürfte in verstärktem Ausmaß für die anderen Länder gelten, die erst später Richtwerte einführten bzw. deren Planungssystem nicht so umfassend auf die Richtwerte ausgerichtet ist.

Insgesamt ist festzustellen, daß die Wirkung des Instrumentes der Richtwerte letztlich davon abhängt, inwieweit eine Ausrichtung der Finanz- und Investitionsplanungen der verschiedenen Ebenen auf die gesetzten Richtwerte organisatorisch geregelt und durchgesetzt werden kann. Eine Beurteilung der Wirksamkeit in dieser Hinsicht ist aber wiederum erst möglich, wenn Entwicklungsabschnitte von Plänen bzw. Programmen in zeitlicher Sicht abgeschlossen sind, die bei ihrer Erstellung schon von vorgegebenen Richtwerten auf der jeweiligen Ebene ausgehen.

1.2. Zu- und Einordnung der Richtwerte im Rahmen der Wirtschaftspolitik

1.2.1. Programm und Prognose. Gemeinsamkeiten, Unterschiede und Interdependenzen

Wenn bei den Begriffsabgrenzungen zunächst vereinfachend der Unterschied zwischen Prognosen und Zielprojektionen gemacht wurde, so entspricht das der landläufigen

---

[13]) H. OETTINGER: Die Funktion von regionalisierten Richtwerten für Bevölkerung und Arbeitsplätze in Landesentwicklungsprogrammen und Regionalplänen — hier: Hessen. In: Fortbildungsseminar Zielprojektionen, S. 163.

Meinung, daß Prognosen zum positiven, wertfreien Bereich der Wissenschaft gehören; sie erbringen objektiv nachprüfbare Resultate ohne den Einfluß subjektiver Komponenten. Auf der anderen Seite stehen die Programme bzw. Zielprojektionen oder Richtwerte als deren ergebnisorientierte Kurzformeln, die dem normativen Wissenschaftsbereich angehören, der von Wertsetzungen und subjektiven Faktoren stark beeinflußt wird.

Diese — vereinfachende — Unterteilung muß allerdings im folgenden differenzierter betrachtet werden: In jede Prognose gehen Werturteile und Wertsetzungen ein, die nicht zum positiven Bereich der Wissenschaft gehören. Allein schon die Auswahl und das Abwägen des Beobachtungsmaterials werden von Interessen bestimmt und unterliegen somit subjektiven Einflüssen. Ferner beinhalten Prognosen Überzeugungen und Werturteile Dritter, deren Handeln in den Objektbereich der Prognose einbezogen wird[14]). Diese Einflüsse, die in Prognosen wirksam werden, lassen die klare Trennung von Programmen (hier in der Form von Zielprojektionen) und Prognosen als nicht möglich erscheinen.

Im Falle der Status-quo-Prognose tritt diese Vermischung noch klarer und schärfer auf: Hier fallen unter „Status quo" alle bisher in politische Maßnahmen, Programme und Gesetze eingegangenen Wertsetzungen und Ideologien. Dadurch, daß ein Teil der Bestimmungsfaktoren der zu prognostizierenden Größen zu beeinflußbaren Variablen der Politik gehört, beinhaltet eine Status-quo-Prognose zugleich die Einschätzung der Planenden über die Wirksamkeit der zum Teil von ihnen selbst den Politikern an die Hand gegebenen Mittel.

Da zudem die Grenze dessen, was unter „Status quo" gefaßt ist, nicht eindeutig zu ziehen ist, inwieweit z. B. in Vorbereitung befindliche Maßnahmen oder gerade verabschiedete Programme mit ihren Auswirkungen in die Prognose aufgenommen werden sollen, beinhalten solche Prognosen eine Vielzahl von Wertungen, Programmbestandteilen etc., so daß man sie nicht als das Ergebnis rein theoretisch-objektiver Überlegungen und Prognosetechniken ansehen kann. Vielmehr ist die Grenze zu den Zielprojektionen/Richtwerten sehr fließend. Letztlich sind beides Aussagen über zukünftige Entwicklungen von Größen, die mit Instrumenten der Politik beeinflußt werden sollen. Ob diese Instrumente schon in vorhandenen Programmen angelegt sind oder erst in zukünftigen Planungen zum Tragen kommen, ist dabei kein grundsätzlicher Unterschied.

Wichtigstes Fazit dieser Überlegungen dürfte sein, den Ergebnissen von Status-quo-Prognosen insofern kritisch gegenüberzutreten, als man sie nur im Zusammenhang mit einer Erklärung des Begriffes „Status quo" richtig einschätzen kann. Hierbei müssen die eingegangenen Bedingungen, Voraussetzungen und Wertsetzungen genau expliziert werden.

Nur über diesen Ausweis der Prognose-Eingangsbedingungen kann eine Vergleichbarkeit verschiedener Prognosen erreicht werden. Die Ergebnisse lassen sich nur vergleichen, wenn auch die Annahmen und Ansätze vergleichbar sind.

1.2.2. Gegenüberstellung von Status-quo-Prognosen und Richtwerten

Ist eine klare Trennung zwischen Programmen bzw. Richtwerten und Prognosen in methodisch-wissenschaftstheoretischer Sicht nicht möglich, so muß man eine Trennung nach der Aufgabestellung versuchen.

---

[14]) Vgl. P. STREETEN: Programme und Prognosen. In: Grundlagen der Wirtschaftspolitik, hrsg. von G. Gäfgen, Köln-Berlin 1966, S. 53—74, hier: S. 71 ff.

Ziel von Prognosen ist das Aufzeigen von Entwicklungstendenzen, während Richtwerte den politischen Veränderungswillen in quantifizierter Form ausweisen wollen.

Somit sollten Prognosen nicht so sehr exakte Werte von bestimmten Größen in der Zukunft ausweisen, sondern sich mehr auf das Aufzeigen von Tendenzen beschränken. Dies um so mehr, als eine Nachprüfbarkeit der Güte von Prognosen an Hand der Genauigkeit des Eintretens ihrer Ergebnisse in der Realität nicht möglich ist. Eine Absicht der Prognose ist es, Entscheidungsgrundlagen zu liefern, die dazu führen, daß unerwünschte Entwicklungen, die ohne Änderungen der Politik abzusehen sind, tendenziell aufgezeigt werden. Daraufhin erfolgende politische Maßnahmen, die gegen diese Tendenzen wirken, führen bei richtigem Einsatz zu Entwicklungen, die von den prognostizierten Werten abweichen. Daraufhin zu folgern, daß die Prognose schlecht gewesen sei, würde die Funktion von Prognosen verkennen.

Sind die Eingangsbedingungen von Status-quo-Prognosen klar definiert, und vergleicht man die Tendenz der prognostizierten Entwicklung mit den Richtwerten als Ausdruck des politischen Veränderungswillens, kann man Rückschlüsse auf die Ehrgeizigkeit der Planungen ziehen. Zugleich ist dieser Vergleich ein Anhalt für die Einschätzung der Effektivität und die Angemessenheit der in der Vergangenheit betriebenen Politik.

Sind im Extremfall Ergebnisse der Status-quo-Prognosen und Richtwerte identisch, läßt dies — je nach der Ausgangssituation — verschiedene Schlüsse zu:

1. Die Planung ist im Sinne eines Veränderungswillens nicht ehrgeizig. Man kann von „*Zielerfüllung durch Nichtstun*" sprechen, wobei allerdings bei unerwartet auftretenden Abweichungen ein entsprechendes — gegensteuerndes — Handeln nötig wird.
2. Die Politik der Vergangenheit war effizient, und die Zielsetzungen haben sich gegenüber der Vergangenheit nicht geändert, so daß andere bzw. zusätzliche Maßnahmen nicht notwendig erscheinen.
3. Die Politik stellt keine von Status-quo-Prognosen abweichenden Zielwerte auf, da sie die Möglichkeit verneint, die zukünftige Entwicklung mit in ihrer Wirksamkeit bekannten Instrumenten beeinflussen zu können. Hier schlägt sich z. B. die Skepsis nieder, ob es beim derzeitigen Erkenntnisstand möglich ist, Zielvorstellungen in der Raumordnungspolitik durch Quantifizierung zu operationalisieren.

Die gegenteiligen Schlüsse lassen sich bei großen Differenzen zwischen Status-quo-Prognosen und Richtwerten ziehen. Einmal bejaht man die Möglichkeit der Zielquantifizierung, zum anderen müssen — sollen die Richtwerte realistisch sein — Vorstellungen über eine Steuerbarkeit der Entwicklung mittels geeigneter Instrumente bestehen. Schließlich bedeuten große Differenzen eine ehrgeizige Planung, die gegenüber der bisher erfolgten Politik entsprechend starke Veränderungen beinhaltet. Zwischenpositionen können darin zum Ausdruck kommen, daß die Richtwerte nur begrenzt von den Ergebnissen der Status-quo-Prognosen abweichen oder mit relativ weiten Bandbreiten versehen sind.

Insofern lassen sich nicht allein aus der Verwendung von Richtwerten Rückschlüsse auf die hinter den politischen Maßnahmen stehenden Grundkonzeptionen ziehen, sondern ebenso aus der Formulierung der Richtwerte, d. h. der Form ihrer Quantifizierung, ihrer absoluten bzw. relativen Höhe im Verhältnis zu Status-quo-Prognosen.

Bezüglich der Veränderungen von Status-quo-Prognosen und Richtwerten ist im Falle der ersten angesprochenen Position ebenfalls ein relativ enger Zusammenhang festzustellen: Änderungen der Prognosen werden relativ gleiche Änderungen bei den Richtwerten nach sich ziehen, was zu einer laufenden Fortschreibung führt und damit die langfristige Bindung der Richtwerte — bezogen auf die absoluten Werte — einschränkt.

1.2.3. Allgemein formulierte Ziele versus Richtwerte

Die sehr allgemeinen, fast leerformelhaften Formulierungen in den ersten raumbezogenen Planungen von Bund und Ländern können nicht als Anweisung zu bestimmtem politischem Handeln ausgelegt werden, und zwar weder als „explizite" noch als „implizite" Verhaltensnormen[15]). In ihnen wird die anzustrebende Zielsituation nicht genügend konkretisiert, um die Zielformulierung operational nennen zu können. Es finden sich Formulierungen wie „ausgewogene wirtschaftliche, soziale und kulturelle Verhältnisse"[16]) oder „räumliche Strukturen mit gesunden Lebens- und Arbeitsbedingungen"[17]), die ohne weitere Ausführungen keine Bezüge zu konkreten Ansatzpunkten politischen Handelns oder Instrumenten der Politik herstellen. Es findet sich kein Kriterium, nach dem eine getroffene politische Maßnahme positiv oder negativ beurteilt werden kann. H. ZIMMERMANN formuliert es so: „Die Unmöglichkeit, die Verbindung zwischen Ideal und Wirklichkeit zu ziehen, wird sprachlich oft mit Floskeln wie ‚am besten dienen', ‚in die Ordnung einfügen', ‚miteinander in Einklang bringen' oder ‚ausgewogene Verhältnisse' überdeckt, die einen positiven Grundtenor haben und die Vermutung nahelegen, der Sprecher werde schon Vorstellungen von dieser Ordnung haben, besonders wenn solche Begriffe zusammen mit überzeugend klingenden Forderungen in der Art eines Programms vorgebracht werden, wie ‚ist zu beachten und zu verbessern', ‚soll gesichert und weiterentwickelt werden' oder ‚soll angestrebt werden' "[18]). ZIMMERMANN folgert: „Eine logisch haltbare und politisch brauchbare Verknüpfung zwischen den herangezogenen Idealvorstellungen und den Einzelproblemen der Regionalpolitik ist dadurch jedenfalls nicht zu schaffen"[19]). Vom gleichen Ausgangspunkt geht STORBECK aus: „Die im Bundesraumordnungsgesetz festgelegten Ziele sind weitgehend Leerformeln, die keine unmittelbare Orientierung für rationale Entscheidungen der Regionalpolitik bieten können. Daher ist eine Operationalisierung der Ziele erforderlich"[20]).

Will man die Zielformulierung durch eine konkretisierte Beschreibung des Zielzustandes operationalisieren, ist es notwendig, das zu verändernde Objekt genau zu bezeichnen sowie die Änderungsrichtung und das Ausmaß der Veränderung zu bestimmen"[21]). Ferner sind „deren Beurteilungskriterien und quantitative Raumbezüge (Gebietskategorien) in einem konsistenten System zu bestimmen"[22]).

Nach H. K. SCHNEIDER liegt eine operationale Zielformulierung immer dann vor, „wenn die Formulierung eines Zieles der Bedingung genügt, daß die empirische Erfüllung

---

[15]) Vgl. H. HAX: Die Koordination von Entscheidungen, Köln, Berlin, Bonn, München 1965, S. 74.
[16]) Raumordnungsgesetz des Bundes § 2 (1) 1.
[17]) Ebenda, § 2 (1) 2.
[18]) H. ZIMMERMANN: Zielvorstellungen in der Raumordnungspolitik des Bundes. In: Jahrbücher für Sozialwissenschaft, Bd. 17 (1966), S. 242.
[19]) Ebenda, S. 242.
[20]) D. STORBECK: Zur Operationalisierung der Raumordnungsziele. In: Kyklos, Bd. 23 (1970), S. 116.
[21]) Ebenda, S. 100.
[22]) Ebenda, S. 116.

des Zieles grundsätzlich überprüfbar ist"[23]). Die Möglichkeit der Bestimmung einer konkreten Zielsituation, und zwar in einer abgegrenzten Region, wird oft als utopisch angesehen, da die erforderliche allgemeine Voraussicht der gesellschaftlichen Entwicklung fehle und in der pluralistischen Gesellschaft die Homogenität des auf individuellen Wertvorstellungen beruhenden politischen Willens nicht gegeben sei[24]). Schließlich verfüge man nicht über einen breiten Instrumentenkasten, der bezüglich seiner Wirkungsmöglichkeiten als analysiert gelten kann, so daß auch der Bereich des Machbaren für die Regionalpolitik nicht abgesteckt ist.

Als Lösung wird hier oft der entgegengesetzte Weg vorgeschlagen: Nicht die Formulierung einer konkreten Zielsituation als positive Zielvorgabe, sondern die Aufstellung eines Negativkataloges, der quasi „die Ziele der Regionalpolitik in ihrem reziproken Wert kennzeichnet"[25]) und in der Theorie die Abkehr von einem synoptischen Ideal zu einem pragmatischen, schrittweisen Vorgehen bedeutet.

Ausgehend von diesen Schwächen der Zielformulierung und offensichtlichen Unkoordiniertheiten in der Planung verschiedener regionalpolitischer Instanzen versucht man, mit der Setzung von Richtwerten in Programmen und Plänen der Landesplanung präzisere Zielangaben und ein Instrument der Koordinierung vor allem für den vertikalen Instanzenapparat zu setzen.

Der Schritt, der damit in der Regionalpolitik vollzogen wird, kennzeichnet einmal die Abkehr von den oben zitierten, leerformelhaften, allgemein gehaltenen Zielformulierungen und stellt zum anderen ein sich Hinwegsetzen über die vorgebrachten Einwände der Unmöglichkeit einer positiven operationalen Zielformulierung in der Realität dar[26]).

Hierbei sind die einzelnen Ansätze dieser Art beim Bund und bei den Ländern in vieler Hinsicht voneinander verschieden, was später genauer aufgezeigt werden soll.

Hinter der Aufstellung der Richtwerte als Ziel/Instrument der Regionalpolitik steht somit eine bestimmte regionalpolitische Konzeption bzw. ein bestimmtes Selbstverständnis. Mit der Setzung von Richtwerten muß man die Möglichkeit der Postulierung positiver Ziele in genügend konkretisierter Form in der heutigen Wirtschafts- und Gesellschaftsordnung und deren Durchsetzung in den politischen Gremien bejahen. Ebenso muß man über Wirkungsanalysen des regionalpolitischen Instrumentariums verfügen, die quantifizierte Werte als Ergebnis ermitteln können. Diese sind sowohl in der Planungsphase bei der Setzung der Richtwerte bei den übergeordneten Instanzen erforderlich als auch bei den untergeordneten Instanzen, die aus der impliziten ‚Verhaltensnorm' „Richtwert" eine Politik ableiten sollen, die die Erreichung der gesetzten Werte ermöglicht.

Die Abkehr von den Leerformeln, die keinen Ansatz zu einer rationalen Bestimmung der einzusetzenden Instrumente bieten, zu stringenten und umfassenden Richtwerten müßte also zugleich konsequenterweise bedeuten, daß der die Leerformeln produzierende Hintergrund als geändert angesehen wird: Denn die Leerformeln sind zugleich Symptom

---

[23]) H. K. SCHNEIDER: Plankoordinierung in der Regionalpolitik. In: Rationale Wirtschaftspolitik und Planung in der Wirtschaft von heute, hrsg. von E. Schneider, Schriften des Vereins für Socialpolitik, N. F., Bd. 45, Berlin 1967, S. 248.
[24]) Vgl. D. STORBECK, a. a. O., S. 110.
[25]) Vgl. D. STORBECK, a. a. O., S. 116.
[26]) Wobei das Instrument der Richtwerte auch Anwendung finden kann, um den Negativkatalog zu operationalisieren. Die quantitativen Angaben hätten dann den Charakter von „Vermeidungswerten", die als Untergrenze der zuzulassenden Entwicklung angesehen würden.

eines heterogenen Meinungsbildungsprozesses, der aus unterschiedlichen Ziel- und Wertvorstellungen der Akteure der Regionalpolitik resultiert. Wird Raumordnung als die räumliche Umsetzung des gesellschaftlichen Leitbildes verstanden[27], steht hinter dem Instrument der Richtwerte letztlich die Vorstellung von der Möglichkeit der Konstruktion einer Art sozialer Wohlfahrtsfunktion, welche die Bestimmung eines Optimums ermöglicht[28], und welche in der praktischen Politik als durchsetzbar angesehen wird. Diese in der Theorie der Wirtschaftspolitik angesiedelte Problematik soll in diesem Rahmen nicht weiter verfolgt, darf aber im Gesamtzusammenhang der Richtwerte-Diskussion nicht übersehen werden.

2. Funktionen der Richtwerte und Anwendungen in Programmen und Plänen der Landesplanung

2.1. Funktionen der Richtwerte

Mit der Abgrenzung der Richtwerte und dem Aufzeigen methodischer Fragen und allgemeiner Probleme der konzeptionellen Einordnung wurden an verschiedenen Stellen schon die möglichen Funktionen der Richtwerte in ihrem Einsatz als zielgerichtetes Instrument der Politik angesprochen. Im Vordergrund vieler Begründungen bei der Einführung von Richtwerten steht in der Regel das Unbehagen über die leerformelhafte Unverbindlichkeit früherer Zielformulierungen. Wegen der Vereinbarkeit dieser Allgemeinfloskeln mit politischen Maßnahmen fast jedweden Inhalts tritt vor allem angesichts des vertikalen staatlichen Aufbaus mit relativ starken Eigenkompetenzen bei vielen dezentralisierten Entscheidungsträgern das Problem der Ausrichtung auf übergeordnete Ziele in den Vordergrund. Insofern ist die Aufgabe der Koordinierung die meistgenannte. Die Richtwerte sollen helfen, unkoordinierte Maßnahmen, die zu Fehlinvestitionen als Folge mangelnder Planabstimmung führen, zu vermeiden. Neben dieser mehr formalen Funktion der Koordination lassen sich weitere — vom Inhalt der Richtwerte bestimmte — Funktionen aufzeigen, die unter den Begriff der Ordnungs- und Entwicklungsfunktion gefaßt werden sollen. Schließlich wird die Funktion einer Erfolgskontrolle der Politik mittels der Richtwerte, d. h. die Möglichkeit von Soll-Ist-Vergleichen im Bereich staatlicher Planung angeführt.

2.1.1. Koordinationsfunktion

„Der Landesplanungsrat hält es für notwendig, daß die öffentlichen Planungsträger bei allen raumbedeutsamen Planungen und Maßnahmen möglichst weitgehend von einheitlichen Grundlagen ausgehen. Ein wesentlicher, viele Bereiche berührender Entscheidungsfaktor ist die Entwicklung von Bevölkerung und Arbeitsplätzen"[29].

Diese Einleitung der Entschließung des Landesplanungsrates Baden-Württemberg, die für die Verwendung von Richtwerten plädiert, kann stellvertretend für die meistgenannte Begründung der Notwendigkeit von Richtwerten stehen.

---

[27] Vgl. B. Dietrichs: Raumordnungsziele des Bundes. In: Informationsbriefe für Raumordnung, R. 3.1.2., S. 3.

[28] Auf diese Implikationen sei in diesem Zusammenhang nicht näher eingegangen. Es sei auf die umfangreiche Literatur zur jüngeren Wohlfahrtstheorie verwiesen.

[29] Entschließung des Landesplanungsrates Baden-Württemberg vom 28. 10. 1974 über Richtwerte zur Entwicklung von Bevölkerung und Arbeitsplätzen in den Regionen bis 1990. In: Drucksache 6/7348 des Landtages von Baden-Württemberg, Stuttgart 1975, S. 8.

Hiermit ist die Koordinierungsfunktion der Richtwerte angesprochen, die es erreichen soll, daß alle Instanzen, die an raumbedeutsamen Planungen oder Maßnahmen mitwirken, von gemeinsamen Ausgangsdaten ausgehen. Sie sollen somit die vorgegebenen Richtwerte zur Grundlage ihres Handelns machen. Einmal soll dadurch das Erreichen der entsprechenden Richtwerte selbst gefördert werden, zum anderen sollen parallele oder in enger Verbindung mit den Richtwerten stehende Entwicklungen ebenso in aufeinander abgestimmte Bahnen gelenkt werden. Als wirksamste Basisgrößen für langfristige Richtwerte, denen man die Erfüllung einer entsprechenden Koordinationsaufgabe zubilligt, werden zumeist die Bevölkerungs- und Erwerbsstellenentwicklung genannt. Diese Richtwerte sollen das raumwirksame Planen und Handeln in zwei Richtungen koordinieren: Einmal die Koordination in vertikaler Richtung, die entsprechend dem Aufbau der Planungsorganisation die Tätigkeiten der Instanzen auf verschiedenen Ebenen aufeinander ausrichten soll. Der Bogen spannt sich dabei von der Raumordnungspolitik des Bundes (Bundesraumordnungsprogramm) über die Landesentwicklungsplanung (Landesentwicklungsprogramme, Landesentwicklungspläne), über zwischengeschaltete Planungsinstanzen wie Regionalverbände oder Landesplanungsgemeinschaften bis hin zur kommunalen Entwicklungsplanung. Faßt man diese vertikale Koordinierung weit, so kann man unter ihr auch die Abstimmung der Bundesländer untereinander verstehen, indem über die Koordinierung zwischen dem Bund und allen Bundesländern indirekt eine Koordination zwischen den Bundesländern erreicht wird. Diese indirekte Wirkung wird aber nur bei einer präzisen Vorgabe von Richtwerten für die Länder bzw. einzelnen Gebietseinheiten möglich sein. Allein die Angabe der Bandbreite von 59 bis 62 Mio. Einwohnern für das gesamte Bundesgebiet für 1985 — wie im Bundesraumordnungsprogramm genannt — dürfte nicht die gewünschte Koordinierungswirkung erreichen.

Neben dieser vertikalen Koordinationsfunktion im weiteren Sinne besteht auch noch eine horizontale Wirkung. Hierunter soll die Koordination aller raumwirksamen Fachplanungen verstanden werden. Sämtliche Planungen der Fach-Ressorts einer Ebene, die einen raumwirksamen Aspekt haben, sollen sich ebenso an den Richtwerten orientieren. Den Richtwerten wird damit die Funktion quasi automatisch wirkender Koordinationsdaten gegeben, die in ihrer Wirksamkeit über formalen Arbeitsanweisungen und Koordinationsausschüssen anzusiedeln sind.

Neben den nicht-investiven und evtl. nicht ausgabewirksamen Bemühungen, z. B. auf legislativer Ebene, finden die Koordinationsbestrebungen hauptsächlich ihren Niederschlag in den Entscheidungen sämtlicher angesprochener Ebenen über die (investive) Verwendung öffentlicher Mittel in ihrer absoluten Höhe, besonders aber in ihrer sektoralen und regionalen Struktur.

Zu dieser Kanalisierung und Ausrichtung der öffentlichen Mittel soll auch eine Beeinflussung der investiven Anlage privaten Kapitals treten, die aber auf dem Wege über „incentives" oder „disincentives" nur begrenzt in quantifizierbarer und vorher kalkulierbarer Art in eine Planungsrechnung eingehen kann, da das Ausmaß des „Greifens" entsprechender Maßnahmen einer hohen Ungewißheit unterliegt. Insofern deuten sich hier die Grenzen einer dermaßen betriebenen Raumordnungspolitik an, wenn man den relativ geringen Anteil der öffentlichen Investitionen betrachtet, der in regionaler Hinsicht mobil eingesetzt werden kann, d. h. dessen Standort nicht aus anderen Gründen vorgegeben ist. Trotzdem bedeutet eine konsequente Ausrichtung dieses zur Verfügung stehenden Potentials eine Verbesserung der Situation gegenüber einem überhaupt nicht koordinierten Einsatz der öffentlichen Mittel.

Neben diesen Einwänden ist eine weitere Beschränkung zu berücksichtigen. Die Entwicklung von Bevölkerung und Erwerbsstellen ist nur eine Determinante für die Disposition über öffentliche Investitionen unter vielen anderen. Gerade im Zusammenhang mit der Flächennutzungs- und Bauleitplanung wurde von Seiten der Kommunen die Bedeutung der übrigen Komponenten hervorgehoben. So treten Schlagworte wie „innerer Bedarf" und „organische Entwicklung" von Kommunen in den Vordergrund. Diese Eigenentwicklung der Kommunen soll abseits der vorgegebenen Richtwerte garantiert werden. Einzelkomponenten dieser Eigenentwicklung wie Auflockerungs-, Ersatz-, Erneuerungs- und Sanierungsbedarf sowie Senkung der Belegungsdichte können z. B. im Bereich des Wohnungsbaues einen quantitativ hohen Anteil am Gesamtbedarf ausmachen. Aus dieser Sicht stellt sich damit auch die Frage nach dem Gewicht, welches den Richtwerten als Koordinationsinstrument zukommt. Schließlich ist gerade im Zusammenhang mit diesen anderen relevanten Bedarfskomponenten auf dem Bereich des Wohnungsbaues die Frage nach den Steuerungsmöglichkeiten zu stellen, die im Rahmen unserer Rechts- und Gesellschaftsordnung für öffentliche Instanzen bestehen. Wie will man z. B. über die Bauleitplanung Bevölkerungszuwächse verhindern, wenn die Richtwerte eine Konstanz der Bevölkerung vorgeben? Zuwandernde Personen können z. B. die alten Wohnungen der bisherigen Bevölkerung beziehen, woraufhin diese neue Wohnungen beanspruchen, was unter die Kategorie „innerer Bedarf" einzuordnen ist, also nicht im Steuerungsbereich der Richtwerte liegt. Ohne eine Verletzung der im Grundgesetz garantierten Grundrechte des Bürgers scheint hier keine einigermaßen schlüssige Einflußnahme möglich.

Insofern sind Gewicht und Durchsetzungsmöglichkeiten der Richtwerte bezüglich ihrer Koordinationswirkung schwer abzuschätzen. Einige Faktoren — wie die oben aufgeführten — schränken diese Funktion ein, so daß z. B. ein Arbeitskreis des Fortbildungsseminars der Bundesforschungsanstalt für Landeskunde und Raumordnung über „Regionalisierte Zielprojektionen für Bevölkerung und Arbeitsplätze" abschließend zu der Aussage kommt: „Zusammenfassend läßt sich sagen, daß die derzeit gebräuchlichen Richtwerte für Bevölkerung und Arbeitsplätze wohl wenig geeignet sind, Bauleitplanung, Regionalplanung und Landesplanung vertikal besser zu koordinieren"[30]).

2.1.2. *Entwicklungsfunktion*

Die Entwicklungsfunktion von Richtwerten ist dort angesprochen, wo die Ziele der Raumordnung und Landesplanung die besondere Förderung und Entwicklung bestimmter Räume zum Inhalt haben. Wird im Rahmen dieser Zielsetzungen das Instrument der Richtwerte eingesetzt, so werden die entsprechenden Richtwerte in der Regel über den Ist-Werten bzw. über den analogen Werten der Status-quo-Prognose liegen. Diese positive Differenz drückt die Setzung von Prioritäten zu Gunsten der Entwicklung dieser Räume aus.

Hierbei sollen die Richtwerte über die Koordinationsfunktion hinaus inhaltlich zur Förderung dieser Entwicklung beitragen. Kommt es nun in Folge bestimmter Planungen und Maßnahmen zu einer Entwicklung in diesen Räumen, die über die in Form der Richtwerte gefaßten Wachstumsraten hinausgeht, sollen in der Regel die Richtwerte eine solche „Überentwicklung" nicht hemmen, zumindest insoweit nicht die Erreichung ande-

---

[30]) Planungsbericht des Arbeitskreises III. In: Fortbildungsseminar Zielprojektionen, S. 126.

rer Ziele in diesen Räumen bzw. die Entwicklung in anderen Räumen dadurch gefährdet oder wesentlich beeinträchtigt wird. Formal bekommt der Richtwert in dieser Entwicklungsfunktion den Charakter einer Untergrenze, die — sofern nicht Nebenbedingungen verletzt werden — überschritten werden darf. Diese Funktion der Richtwerte wird in einzelnen Programmen bzw. Erläuterungen besonders betont, da diese Interpretation auch einige Argumente gegen das „zu starre" Instrument der Richtwerte entkräftet, indem diese quasi nur in einer Richtung bindend wirken und so flexibler sind.

So wird in einem Vermerk des Innenministeriums Baden-Württemberg hervorgehoben: „Die im Regionalplan enthaltenen Richtwerte sollen Höchstwerte sein, d. h. die Summe der Einzelwerte darf den für die Region vorgegebenen Gesamtrichtwert nicht überschreiten. Ausnahme: Zentrale Orte in strukturschwachen Räumen. Bei ihnen sollen die Richtwerte Planungen und Maßnahmen nicht behindern, die zu einer landesplanerisch erwünschten stärkeren Entwicklung führen können. Der Regionalplan soll deshalb die zentralen Orte nennen, bei denen eine über den Richtwert hinausgehende Entwicklung erwünscht wäre, aber bei der Aufstellung des Regionalplanes nicht erwartet wird[31]).

Auch im Bayerischen Landesentwicklungsprogramm wird diese Funktion der Richtwerte besonders hervorgehoben[32]).

2.1.3. Ordnungsfunktion

Den Gegenpart zur Entwicklungsfunktion stellt die sog. Ordnungsfunktion dar, die dort Anwendung findet, wo die Richtwerte eine Begrenzung nach oben darstellen, d. h. wo die Richtwerte meist unter den entsprechenden Werten der Status-quo-Prognose liegen. Dies ist der Fall in Verdichtungs- und Ballungsräumen, in denen durch ein auch in der Zukunft unverändert starkes Wachstum Nebenbedingungen ökologischer Art verletzt bzw. wichtige andere Funktionen der Räume erheblich beeinträchtigt würden. In diesen Fällen ist das zur Entwicklungsfunktion Gesagte in gerade umgekehrter Richtung anzuwenden, d. h. eine Unterschreitung der vorgegebenen Richtwerte wird geduldet, soweit nicht dadurch andere Ziele beeinträchtigt oder Nebenbedingungen verletzt werden.

Die Entwicklungs- und die Ordnungsfunktion verleihen dem Instrument der Richtwerte eine gewisse Flexibilität, die verhindert, daß die eine Starrheit der Planung Platz greift, welche die Erreichung der Richtwerte zum Selbstzweck werden läßt, ohne die eigentlichen Ziele der Politik im Auge zu behalten.

2.1.4. Erfolgskontrollfunktion

Diese Funktion hängt eng mit dem Bestreben nach Operationalisierung der Ziele zusammen. Eine solche Operationalisierung, die in der ex-ante-Betrachtung eine konkretisierte Beschreibung des Zielzustandes bedeutet, ist zugleich Grundlage für eine Kontrolle im Wege der ex-post-Betrachtung. Erst sie ermöglicht die Gegenüberstellung von Werten auf der Soll- und der Ist-Seite, deren Übereinstimmung bzw. Auseinanderklaffen ein Maß für den Grad der Zielerreichung ergibt.

Die vielfach geforderte öffentliche Kontrolle der Planungs- und Verwaltungstätigkeit staatlicher Instanzen wird damit tendenziell ermöglicht. Genauso wie man aber Be-

---

[31]) s. Vermerk „Die Bedeutung der Richtwerte aus der Sicht der Landesplanung" des Innenministeriums Baden-Württemberg zur 16. Sitzung der Landesarbeitsgemeinschaft Baden-Württemberg der Akademie für Raumforschung und Landesplanung am 8./9. 10. 1975 in Stuttgart, S. 2.
[32]) Vgl. die Ausführungen zu Punkt 3.1.

denken bezüglich der absoluten Quantifizierbarkeit der Ziele anmelden muß, da sowohl prognostische Unsicherheiten als auch fehlende konkrete Wirkungsanalysen der Instrumente zu beachten sind, schlagen diese natürlich auch auf die Aussagefähigkeit der ex-post-Kontrolle durch. Sie erschweren vor allem eindeutige Folgerungen, die auf Grund der Kontrollergebnisse zu ziehen sind.

Im Falle von Differenzen zwischen Richtwerten und tatsächlich erreichten Werten wird die Frage der Zuordnung, d. h. die Frage nach dem Grund der Differenz, zum zentralen Punkt. Stimmten schon die Grundlagen der Status-quo-Prognose nicht, auf deren Basis die Richtwerte ermittelt wurden, oder liegt der Grund in den getroffenen Maßnahmen? Wurden prinzipiell falsche Maßnahmen ergriffen oder stimmte die Dosierung oder der Zeitpunkt des Einsatzes nicht? Die Diagnose dieser Fehlentwicklungen muß dann in dem Sinne zur Therapie führen, daß neue Planungen zu erstellen sind, die die eingetretenen Abweichungen korrigieren. Die Frage stellt sich dabei, ob und in welchem Ausmaß über solche Kontrollanalysen eine schrittweise Verbesserung der Wirkungsanalysen politischer Instrumente möglich ist. Selbst im Falle der Übereinstimmung von ex-ante-Zielwerten und ex-post-Werten kann angesichts des Erkenntnisstandes nicht ausgeschlossen werden, daß die aufgetretene Übereinstimmung nur einer zufälligen Kompensation mehrerer entgegengesetzter Abweichungen entsprang und nicht auf richtigen prognostischen Grundlagen und korrekten Wirkungsanalysen der eingesetzten Instrumente beruhte.

Aber auch wenn man sich nicht auf numerisch-exakte Differenzen festlegt und sich mehr auf die Tendenzen der Entwicklung konzentriert, scheint eine Erhöhung der Transparenz der staatlichen Planung und eine bessere Kontrolle möglich als im Falle der angesprochenen leerformelhaften Zielformulierungen. Eine Aufstellung der Richtwerte in einer dem tatsächlichen Erkenntnisstand adäquaten Form, d. h. z. B. in Form von Bandbreiten, kann eine Verbesserung der Aussagekraft gegenüber dem bisherigen Stand bedeuten, auch wenn nicht alle Zielwerte direkt numerisch exakt angegeben werden.

2.2. Herleitung der Richtwerte

Bei der praktischen Herleitung der Richtwerte spiegeln sich viele bisher angesprochene theoretische Probleme in den Schwierigkeiten, zu fundierten Daten zu kommen, wider. Sowohl bei der Aufstellung von globalen und regionalen Richtwerten als auch bei der Ableitung von regionalisierten Werten kann man sich nur nicht völlig gesicherter Methoden bedienen.

Einmal ist schon die Herleitung der bevölkerungs- oder arbeitsmarktpolitischen Ziele als solche aus den übergeordneten Zielen der Regional- und Gesellschaftspolitik nicht eindeutig durchführbar oder nachvollziehbar. Zum anderen ist kein methodisches Instrumentarium bekannt, mit dem man aus solchermaßen formulierten Zielen eindeutige Zielrichtwerte ableiten könnte. Auch die Regionalisierung von Richtwerten auf Teilräume kann sich nicht auf abgeklärte wissenschaftliche Methoden berufen. Im Gegenteil erscheinen die Ergebnisse solcher Quantifizierungen und Regionalisierungen der Werte in der Realität hauptsächlich als Ergebnis von politischen Abstimmungsprozessen. Diese schwächen als politische Kompromisse meist in der vorhergehenden Planung liegende erwünschte Differenzierungen ab und müssen mehr als das Resultat des Aufeinandertreffens von Interessenvertretungen angesehen werden, als daß sie Ausdruck einer in Gesamtverantwortung stehenden Planung sind.

Die Schwierigkeiten der Ableitung von Richtwerten werden verschärft durch die Vielzahl der Beziehungen zwischen den Zielen der Raumordnung. So besteht nur selten ein konsistentes Zielsystem, und Inkompatibilitäten sowie Konkurrenzsituationen zwischen Zielen führen zu Ableitungsschwierigkeiten sowohl in sektoraler als auch in regionaler Sicht[33]. Als Ausdruck dieser Schwierigkeiten werden auch in den Programmen und Plänen keine Methoden genannt, mit deren Hilfe Richtwerte abgeleitet werden. Meistens wird Bezug genommen auf Ergebnisse von Status-quo-Prognosen, die dann in Richtung bestehender Zielvorstellungen abgeändert und ggf. differenziert werden.

Es sei hier nur kurz an die zuvor aufgeführte Prognoseproblematik gerade für längerfristige Prognosen erinnert und an die Bedenken, die präzise quantifizierten Ergebnissen sog. Status-quo-Prognosen entgegenzubringen sind. Alle diese Bedenken müssen auf die Richtwerte übertragen werden, wenn diese in unmittelbarer Anlehnung an Status-quo-Prognosen entwickelt werden. Dies geschieht oft in der Form, daß der regionale Richtwert, z. B. für das Land, dem Wert der Status-quo-Prognose gleichgesetzt wird, während für die Teilräume regionalisierte Richtwerte vorgesehen werden, die von den Daten der Status-quo-Prognose abweichen. Diese Abweichungen werden aber in der Regel lediglich aus pauschalen Zu- oder Abschlägen bestehen, wie sie als typische Kompromißformeln entsprechender politischer Abstimmungsprozesse bekannt sind. Eine differenzierte Erläuterung des Weges von Prognose- zu Zieldaten findet sich daher auch in kaum einem entsprechenden Programm. So sagt BAUDREXL im Zusammenhang mit den Richtwerten in Bayern: „Außer den sog. Status-quo-Prognosen, die als Bezugsrahmen für realistische Zielprognosen eine wichtige Rolle spielen, sollten im Idealfall mehrere Planungsalternativen als Entscheidungsgrundlage für die Bestimmung von Richtzahlen vorliegen. Die Erarbeitung solcher Planungsalternativen setzt aber wiederum Daten und Informationen voraus, die bisher kaum vorhanden und überhaupt nur schwer zu beschaffen sind"[34]. Als solche Daten resp. Informationen zählt er auf:

„— die Auswirkung der raumwirksamen öffentlichen Mittel auf die regionale Entwicklung und Verteilung der Bevölkerung und Arbeitsplätze ex post und ex ante;

— die Kosten für die Verwirklichung alternativer Planungskonzepte;

— die voraussichtlichen öffentlichen Mittel, die zur Verwirklichung von Programmen und Plänen zur Verfügung stehen.

Auch ist es grundsätzlich als ein noch ungelöstes Problem anzusehen, das landesplanerische Zielsystem sozusagen operational, d. h. letztlich in den quantitativen Kategorien des Status-quo-Prognosesystems zu definieren"[35].

Diese Aussage verdeutlicht, daß die praktischen Probleme der Bestimmung der Richtzahlen sich als Kaleidoskop einerseits der dahinterstehenden methodischen und theoretischen Unsicherheiten, andererseits aber auch der mehr politischen Abstimmungs- und Durchsetzungsschwierigkeiten erweisen. Auch die Verwendung komplizierter Planungs- und Zielfindungstechniken kann diese Mängel nicht ausgleichen[36].

---

[33] Vgl. Planungsbericht des Arbeitskreises II „Methodische Probleme in Zielprojektionen/Versorgungsrichtwerten". In: Fortbildungsseminar Zielprojektionen, S. 121—124.

[34] L. BAUDREXL: Richtzahlen der Bevölkerung und der Arbeitsplätze in Landesentwicklungsprogrammen und in Regionalplänen in Bayern. In: Fortbildungsseminar Zielprojektionen, S. 178.

[35] Ebenda, S. 179.

[36] Vgl. ebenda, S. 179.

Das in Bayern verwendete Verfahren, das letztlich in einem schrittweisen Vorgehen eine wechselseitige Korrektur zwischen der jeweiligen Entwicklung der Bevölkerung und der Arbeitsplätze darstellt, wird von BAUDREXL beschrieben[37]), wobei auch dieses einfache Verfahren den grundsätzlichen, zuvor angesprochenen Einschränkungen unterliegt. Eine Darstellung des Verfahrens in den entsprechenden Programmen bzw. den Erläuterungen dazu erhöht aber die Transparenz der Planung und ermöglicht eine Nachvollziehbarkeit und ist insofern von Vorteil gegenüber dem Zustand, daß der Weg von der Prognose zu den Zieldaten auch formal im Dunkel belassen wird.

2.3. Selbstverständnis der Planenden bei der Aufstellung und Verwendung von Richtwerten

Ein wesentlicher Punkt zur abschließenden Beurteilung der Programme liegt im Selbstverständnis der die Richtwerte setzenden Planer, d. h. wie die regionalen/regionalisierten Zielprojektionen und Versorgungsrichtwerte in ihrem jeweiligen Gewicht und ihrer Stringenz vom Standpunkt der Planenden verstanden werden. Weiterführende Untersuchungen könnten dieses Selbstverständnis vor allem in Gesprächen mit maßgeblich an der Planung beteiligten Personen ermitteln. Da diese im zur Verfügung stehenden Rahmen hier nicht möglich waren, kann man zur Erläuterung exemplarisch gewählte Formulierungen in den Plänen bezüglich dieser Frage heranziehen. Weitere Indizien, von denen aus Rückschlüsse auf das Selbstverständnis möglich erscheinen, sind die rechtliche Ausgestaltung der Richtwerte sowie der Grad ihrer sektoralen und regionalen Differenzierung. Ebenso von Bedeutung ist in diesem Zusammenhang die Art der Verbindung zur Finanz- und Investitionsplanung, d. h. inwieweit diese durch die Richtwerte zwingend beeinflußt werden. Gerade hier sagt das dahinterstehende „materiale Gewicht" oft mehr aus als formale Regelungen auf dem Papier, die in der Praxis keine Konkretisierung und Materialisierung in Form einer Ausrichtung der Finanz- und Investitionsplanung an den Richtwerten finden.

Eine zusammenfassende Betrachtung dieser Regelungen in den einzelnen Programmen erlaubt Rückschlüsse auf das Selbstverständnis der die Richtwerte setzenden Planer, welches das weite Spektrum einer lediglich indikativen, unverbindliche Orientierungspunkte setzenden Planung bis zur imperativen, zentral gesteuerten Detailplanung ausfüllen kann.

3. Richtwerte und Besonderheiten ihrer Anwendung in einzelnen Programmen und Plänen der Raumordnung und Landesplanung in verschiedenen Bundesländern

Im folgenden sollen exemplarisch einzelne Pläne und Programme aus den Bundesländern Bayern, Baden-Württemberg, Hessen, Niedersachsen und Nordrhein-Westfalen auf die Verwendung von Richtwerten hin durchleuchtet und Besonderheiten der Anwendung in einem groben Überblick dargestellt werden.

3.1. Bayern

Gesetzliche Grundlage für das Bayerische Landesentwicklungsprogramm ist das Bayerische Landesplanungsgesetz vom 6. 2. 1970. Dort sind gemäß Art. 13, Abs. 2,

---

[37]) Ebenda, S. 179—181.

Nr. 4 „Richtzahlen für die durch raumbedeutsame Planungen und Maßnahmen anzustrebende Entwicklung der Bevölkerung und der Arbeitsplätze in den Regionen" aufzustellen. Diese Richtzahlen sind Inhalt des Entwurfs des Bayerischen Entwicklungsprogramms, den der Bayerische Ministerrat am 7. 5. 1974 verabschiedete. Von der rechtlichen Einordnung her handelt es sich dabei um förmliche Ziele der Raumordnung und Landesplanung, wodurch ihnen nach dem Raumordnungsgesetz des Bundes eine Bindungswirkung für raumwirksame Planungen und Maßnahmen öffentlicher Planungsträger zukommt[38]).

Die Richtzahlen sind auf das Jahr 1990 bezogen, wobei im nachhinein auch Eckwerte für die Jahre 1985 und 1980 ermittelt wurden. Dabei geht man von einer weitgehend kontinuierlichen Entwicklung zwischen 1970 und 1990 aus[39]). Inhaltliche Bezugsgrößen der Richtwerte sind die Bevölkerung und die Arbeitsplätze. Es soll auch eine Verbindung zu einer regionalisierten Investitionsplanung hergestellt werden, die aber relativ schwach bleiben soll: „Allerdings darf der Zusammenhang zwischen den Regionsrichtzahlen und der regionalisierten Investitionsplanung nicht überschätzt werden"[40]). Die Regionalisierung der Richtzahlen für Teilbereiche der Regionen — für welche die Richtzahlen im Landesentwicklungsprogramm festgelegt sind — obliegt den regionalen Planungsverbänden. Auch dafür ist die Grundlage im Landesplanungsgesetz gelegt. Art. 17, Abs. 2, Nr. 2 bestimmt: „Richtzahlen für die durch raumbedeutsame Planungen und Maßnahmen anzustrebende Entwicklung der Bevölkerung und der Arbeitsplätze in Teilbereichen der Region oder einzelnen Gemeinden" sind in Regionalplänen festzulegen. Im Entwurf des Landesentwicklungsprogramms heißt es dazu: „Richtzahlen sind im Rahmen der Regionalplanung so zu verteilen, daß die Ziele der Raumordnung und Landesplanung über die anzustrebende Ordnung und Entwicklung innerhalb der Regionen verwirklicht werden"[41]).

Dahinter steht der Gedanke einer „Verteilung" der vorgegebenen Richtzahlen für die gesamte Region auf der Grundlage von Verteilungsprognosen oder Verteilungsmodellen. Zur Entwicklung einer solchen Grundlage wurde ein Gutachten „zur Berechnung von Verteilungsprozessen der Bevölkerung und der Arbeitsplätze nach Raumkategorien auf der Grundlage der Status-quo-Prognose für das Landesentwicklungsprogramm"[42]) eingeholt. Das daraufhin aufgestellte Modell ermöglicht die Verteilung von großräumigen Prognosen auf kleinere Gebietskategorien, die allerdings nicht zu klein sein dürfen. Es wird von ausgezeichneten Ergebnissen für Gebiete gesprochen, die aus 100 und mehr Gemeinden bestehen, sowie guten Ergebnissen im Fall von 20 bis 50 Gemeinden[43]). Basis des Modells ist die Kategorisierung von 360 Entwicklungstypen von Gemeinden, die nach den Kriterien „Zugehörigkeit zu einer der 18 Planungsregionen", „Zugehörigkeit zum Verdichtungsraum oder ländlichen Raum" und „Zugehörigkeit zu einer von zehn Gemeindegrößenklassen" gebildet wurden[44]).

Das Modell findet in der momentanen Konzeption nur Anwendung auf Status-quo-Prognosen, könnte aber auch für Richtzahlen angewandt werden.

---

[38]) Ebenda, S. 177.
[39]) Vgl. ebenda, S. 181.
[40]) Ebenda, S. 182.
[41]) Zitiert nach L. BAUDREXL, a. a. O., S. 186.
[42]) Ebenda, S. 186.
[43]) Vgl. ebenda, S. 187.
[44]) Vgl. ebenda, S. 187.

Inhaltlich gehen die Richtzahlen des Landesentwicklungsprogramms davon aus, daß in keiner Region Bevölkerungsverluste auftreten sollen. Das soll über einen Abbau der innerbayerischen Wanderungsverluste und eine gleichmäßige Verteilung der für Gesamtbayern erwarteten Wanderungsgewinne erreicht werden[45]).

Da sich das Programm z. Z. im Anhörungsverfahren befindet, können momentan keine weiteren und konkreteren Angaben über die endgültige Ausgestaltung des Programmes gemacht werden.

Durch eine Bekanntmachung der Staatsministerien für Landesentwicklung und Umweltfragen und des Innern vom 12. 3. 75 erfolgte eine Interpretation der Bedeutung der Richtzahlen speziell in ihrer Anwendung und Auswirkung auf die Bauleitplanung. Darin wird — unabhängig von den jeweiligen Richtzahlen — jeder Gemeinde ein ausreichender Entwicklungsspielraum zugesichert. Die „organische Entwicklung" der Gemeinden könne nicht durch Richtzahlen beschränkt werden[46]). Damit werden Freiheitsräume abgesteckt, die auch bei Einführung der Richtzahlen gewahrt bleiben sollen.

Eine flexible Interpretation der Richtzahlen bedeutet auch die in der Begründung zu den Richtzahlen im Entwurf des Landesentwicklungsprogramms[47]) erfolgende ausdrückliche Heraushebung der Entwicklungs- und Ordnungsfunktion, die die Richtzahlen unter bestimmten Bedingungen zu Unter- bzw. Obergrenzen werden läßt und somit die Richtzahlen nicht als ein zentralistisches und streng fixierendes Planungsinstrument konzipiert, sondern den untergeordneten Instanzen Eigeninitiative und Spielräume zu deren Gestaltung beläßt.

3.2. Baden-Württemberg

In Baden-Württemberg besteht die rechtliche Grundlage für die Verwendung von Richtwerten im Landesplanungsgesetz in der Fassung vom 25. 7. 1972. Dort bestimmt § 29 Abs. 2 Nr. 5: „Der Regionalplan muß mindestens enthalten ... die langfristig anzustrebende Entwicklung und Verteilung der Wohn- und Arbeitsstätten nach Nahbereichen."

Um den Regionalverbänden diese Aufstellung in einer, auf das ganze Land bezogenen, koordinierten Form zu ermöglichen, beabsichtigt das Land, ihnen Gesamtrichtwerte vorzugeben, die jeweils auf eine Region bezogen sind. Die weitere Differenzierung und Festlegung von Werten bis hin zu den Nahbereichen obliegt dann den Regionalverbänden.

Im Landesentwicklungsplan selbst sind keine solchen Richtzahlen enthalten; sie sind separat entwickelt worden und sollen als verbindliche Weisungen der obersten Landesplanungsbehörde (nach § 27 Abs. 1 Satz 2 des Landesplanungsgesetzes) den Regionalverbänden vorgegeben werden und zugleich als Beschluß der Landesregierung für die Fachplanungen des Landes eine verbindliche Planungsgrundlage darstellen. Mittlerweile sind die Richtwerte zur Anhörung der Regionalverbände freigegeben und liegen dem Landtag zur Stellungnahme vor. In ihrer jetzigen Fassung beziehen sich die Richtwerte auf das Jahr 1990. Sie werden ausgewiesen für die Bevölkerung und die Zahl der Erwerbsstellen. Erarbeitet worden sind sie in Anlehnung an Status-quo-Prognosen für das Jahr 1990. Da die den Richtwerten zugrundeliegenden Werte der Status-quo-Prognosen angesichts

---

[45]) Vgl. M. STREIBL: Das bayerische Landesentwicklungsprogramm. In: Raumforschung und Raumordnung, 33. Jg. (1975), Heft 2, S. 52.
[46]) Vgl. L. BAUDREXL, a. a. O., S. 188.
[47]) Vgl. ebenda, S. 183.

der jüngsten Entwicklung und neueren Vorausschätzungen als relativ hoch anzusehen sind, werden die auf ihrer Grundlage entwickelten Richtwerte auch als „obere Variante, also als Obergrenze der wahrscheinlichen Entwicklung" betrachtet[48]).

Dabei entspricht die Summe der Richtwerte für die Regionen dem Wert der Status-quo-Prognose für das Land, während für die einzelnen Regionen Zu- oder Abschläge zu bzw. von den Prognosewerten vorgenommen werden, wobei sich als Summe dieser Abweichungen entsprechend Null ergibt.

Für die Bereiche der einzelnen (12) Regionalverbände entsprechen in drei Fällen die Richtwerte den Werten der Status-quo-Prognose. In einem Fall (Mittlerer Neckar) liegt der Richtwert unter dem entsprechenden Prognosewert, während in den übrigen acht Fällen der Prognosewert überschritten wird.

Die Richtwerte sind auf 1000 Einwohner genau vorgegeben, was z. T. Kritik der Regionalverbände hervorrief.

Ähnlich der Entwicklungsfunktion in Bayern ist auch in der vorliegenden Planung Baden-Württembergs die Möglichkeit der Überschreitung der Richtwerte in einem bestimmten Fall als akzeptabel eingeräumt worden: Bei zentralen Orten in strukturschwachen Räumen sollen Planungen und Maßnahmen, die zu einer über den Richtwerten liegenden Entwicklung führen können, nicht behindert werden. Solche Fälle sollen gesondert im Regionalplan aufgeführt werden[49]).

Gewisse Änderungen der vorgesehenen Regelungen in einzelnen Punkten erscheinen als Resultat der laufenden Diskussion möglich, so daß die endgültige Form abzuwarten ist.

3.3. Hessen

Hessen praktiziert eine Landesplanung, in die das Instrument der Richtwerte, die dort Zielprojektionen genannt werden, fest integriert ist. Sowohl in der Ausrichtung der Planung auf diese Zielprojektionen als auch in der Differenzierung und nicht zuletzt im Selbstverständnis der Planenden dürften hier — im Vergleich zu anderen Bundesländern — die Zielprojektionen am konsequentesten als stringentes Instrument der Planung genutzt werden.

Gesetzliche Grundlage bietet das Landesplanungsgesetz vom 4. 7. 1962 in der Fassung vom 1. 6. 1970.

Die Zielprojektionen sind Bestandteil des Landesentwicklungsplanes „Hessen '80"[50]). Dort werden die Zielprojektionen für das Jahr 1985 genannt, die weiterhin in Durchführungsabschnitten für jeweils vier Jahre konkretisiert werden.

Dabei werden Projektionen erarbeitet für die Bevölkerung, die Zahl der Erwerbstätigen und die Höhe des Bruttoinlandsproduktes. Als Relationen dieser Größen werden ferner die „Produktivität" (Bruttoinlandsprodukt je Erwerbstätigen) und die „Wohlstandszahl" (Bruttoinlandsprodukt je Einwohner) ausgewiesen. Die direkte Verbindung

---

[48]) S. Innenministerium Baden-Württemberg: Richtwerte für die künftige Entwicklung von Bevölkerung und Arbeitsplätzen in den Regionen Baden-Württembergs. In: Drucksache 6/7348 des Landtages von Baden-Württemberg, S. 4.
[49]) Vgl. Papier des Innenministeriums Baden-Württemberg zur 16. Sitzung der Landesarbeitsgemeinschaft Baden-Württemberg der Akademie für Raumforschung und Landesplanung am 8./9. 10. 1975 in Stuttgart.
[50]) Großer Hessenplan, Hessen '80, Landesentwicklungsplan, Wiesbaden 1970.

zur Investitionsplanung wird über Versorgungsrichtwerte gezogen, „die den Bezug erforderlicher Einrichtungen auf eine bestimmte Gesamtbevölkerung darstellen"[51].

Diese Versorgungsrichtwerte sind ebenfalls auf 1985 bezogen, so daß über eine Verknüpfung mit den entsprechenden Bevölkerungswerten die Ermittlung des Bedarfs an bestimmten Einrichtungen in den verschiedenen Teilräumen möglich ist. Zielgrößen sind hier die „notwendige Wohnungsversorgung, die erforderlichen Gemeinschaftshäuser, Kinderkrippen, Kindergärten, Kinderhorte, Turn-, Sport- und Gymnastikhallen, Hallenbäder, Freibäder, Sportplätze, Plätze in Heimen für alte Menschen, Schüler je Unterrichtsraum, Bettplätze in Studentenwohnheimen, die Versorgung mit Kanalisations- und Kläranlagen und weiteren Infrastruktureinrichtungen"[52].

Im Landesentwicklungsplan sind die Zielprojektionen regionalisiert für fünf Regionen vorgegeben, wobei sich auch die Aufteilung der für die einzelnen Aufgabengebiete zur Verfügung stehenden finanziellen Mittel an diesen regionalen Werten orientiert.

Die regionalen Planungsgemeinschaften haben entsprechend diesen Vorgaben regionale Raumordnungspläne zu erstellen. Dazu heißt es: „Die strenge Einhaltung der Vorgaben gewährleistet die Konsistenz des Systems im Innern"[53], woraus Rückschlüsse auf das Selbstverständnis der Planenden gezogen werden können.

Die Zielprojektionen werden als feste Werte vorgegeben, wobei die Bevölkerungs-Zielwerte für die Regionen altersspezifisch differenziert sind. Die Zielprojektionen für das Bruttoinlandsprodukt sind nach vier Sektoren (Land-/Forstwirtschaft, Produzierendes Gewerbe, Handel und Verkehr, sonstige Dienstleistungen) aufgegliedert.

Hergeleitet werden die Zielprojektionen aus Status-quo-Prognosen, die entsprechend den gesellschaftspolitischen Zielen der Landesentwicklungsplanung modifiziert werden.

Als Bestandteil des durch Beschluß der Landesregierung festgestellten Landesentwicklungsplanes sind die Zielprojektionen für die Fach- und Regionalplanung verbindlich.

Eine Kontrolle wird durch die Einteilung in mehrjährige Durchführungsabschnitte sowie durch die Ausweisung von Ergebnisrechnungen für abgeschlossene Planungsperioden ermöglicht.

3.4. Niedersachsen

In Niedersachsen findet sich eine zweigliedrige Anwendung von Richtzahlen. Einmal ist im Landes-Raumordnungsprogramm in der Fassung von 1973 für das Land insgesamt und die acht Regierungsbezirke im einzelnen eine Bevölkerungsrichtzahl für das Jahr 1990 enthalten. Nach dem novellierten Gesetz über Raumordnung und Landesplanung vom 24. 1. 1974 kommt diesen Werten die Bindungswirkung von Zielen der Raumordnung und Landesplanung zu.

Daneben hat das Land in seinem Landesentwicklungsprogramm „Niedersachsen 1985" — Stand Sommer 1973 — Zielprojektionen erstellt. Diese Zielprojektionen sind auf das Jahr 1985 bezogen. Sie werden aufgestellt für Bevölkerungszahl, Zahl der Arbeitsplätze und Höhe des Bruttoinlandsprodukts (sektoral untergliedert nach vier zusammengefaßten Bereichen).

---

[51] H. OETTINGER: Die Funktion von regionalisierten Richtwerten für Bevölkerung und Arbeitsplätze in Landesentwicklungsprogrammen und Regionalplänen — hier: Hessen. In: Fortbildungsseminar Zielprojektionen, S. 164.
[52] Ebenda, S. 164.
[53] Ebenda, S. 165.

Regional differenziert sind die Zielprojektionen für 14 Entwicklungsräume, wobei für jeden einzelnen Entwicklungsraum für das Jahr 1985 die Werte der Status-quo-Prognose und der Zielprojektionen einander gegenübergestellt werden. Insgesamt liegt kein einziger Wert der Zielprojektionen unter dem entsprechenden Wert der Status-quo-Prognose, der überwiegende Anteil liegt z. T. deutlich darüber. Über die Herleitung der Zielwerte aus den Prognosewerten werden keine detaillierten Angaben gemacht. Den Zielprojektionen des Landesentwicklungsprogrammes kommt allerdings nicht die Bindungswirkung von Zielen der Raumordnung und Landesplanung zu.

3.5. Nordrhein-Westfalen

Das Land Nordrhein-Westfalen erscheint hinsichtlich der Richtwerteproblematik dadurch interessant, daß im neuen Landesentwicklungsprogramm aus dem Jahre 1974 keine regionalisierten Richtwerte mehr enthalten sind. Im Landesentwicklungsprogramm von 1964 wurden noch Richtwerte für die Bevölkerung für das Jahr 1980 aufgestellt. Diese Werte lagen differenziert vor für die landesplanerischen Gebietskategorien (Ballungskerne, Ballungsrandzonen, ländliche Zonen) sowie regionalisiert für die Gebiete der drei Landesplanungsgemeinschaften. Laut dem neuen Programm ist lediglich für das gesamte Land „im Rahmen der angestrebten Gesamtentwicklung des Landes bis zum Jahre 1985 von einer im wesentlichen unveränderten Einwohnerzahl auszugehen"[54]), worunter im Rahmen der für das Bundesgebiet lt. Bundesraumordnungsprogramm zugrundegelegten Marge für das Land Nordrhein-Westfalen eine Schwankungsbreite von ± 2 % um einen Eckwert von 17 Mio. verstanden wird[55]).

Laut Rücksprache mit der Abteilung Landesplanung bedeutet dieses Wegfallen der regionalisierten Richtwerte im neuen Landesentwicklungsprogramm keinen Verzicht auf das Instrument der Richtwerte. Man störte sich lediglich daran, daß die Richtwerte durch ihre Integration in das Landesentwicklungsprogramm Gesetzesbestandteil wurden. Man will in einem Erläuterungsbericht die Richtwerte wieder einführen und dann für die Gebiete der (nunmehr fünf) Landesplanungsgemeinschaften vorgeben. Es wird auch an eine noch tiefer regionalisierte Vorgabe bis hin zu den Oberzentren gedacht. Damit will man die Koordinationsfunktion der Richtwerte nutzen, ohne sie in die starre Form eines Gesetzes zu kleiden.

Zusammenfassung

Die vorangegangene — in diesem Rahmen nur exemplarisch mögliche — kurze Übersicht über die Verwendung von Richtwerten in Programmen und Plänen der Landesplanung verschiedener Bundesländer kann die Weite des Spektrums, innerhalb dessen Richtwerte Verwendung finden, nur andeuten.

Ansetzend bei den möglichen Erscheinungsformen der Richtwerte sind vielfältige Variationen und Abstufungen möglich, was die Bezugsgrößen, den zeitlichen Horizont, den Grad der Regionalisierung und sektoralen Differenzierung ebenso betrifft wie die Form der Quantifizierung und die rechtliche Einordnung dieses Instruments der Landes-

---

[54]) Gesetz zur Landesentwicklung vom 19. 3. 1974. In: Gesetz- und Verordnungsblatt für das Land Nordrhein-Westfalen, Düsseldorf, 28 (1974), S. 96—102, § 23.
[55]) Vgl. D. MICHEL: Regionalisierte Richtwerte für Bevölkerung und Arbeitsplätze im Rahmen der nordrhein-westfälischen Landesentwicklung. In: Fortbildungsseminar Zielprojektionen, S. 170.

planung. Das materiale Gewicht hängt ferner wesentlich vom Grad der Ausrichtung der Finanz- und Investitionsplanung auf die jeweiligen Richtwerte ab.

Unabhängig von dieser Vielfalt der Gestaltungsmöglichkeiten bestehen Probleme der Einordnung dieses Instruments, die sich im wesentlichen aus der allgemeinen Prognoseproblematik sowie den weithin fehlenden Wirkungsanalysen regionalpolitischer Instrumente ergeben. Diese Probleme setzen beim derzeitigen Erkenntnisstand der Verwendung von Richtwerten Grenzen, die sowohl für die möglichen Ausformungen der Richtwerte selbst als auch für die Anwendungsgebiete — in regionaler wie in sektoraler Sicht — gelten.

Weitere Begrenzungen ergeben sich durch Schwierigkeiten im Prozeß der politischen Abstimmung über die Richtwerte und ihrer praktischen Durchsetzung, vor allem, wenn diese Prozesse in einem föderalistischen System mit weitgehend dezentralen Kompetenzen und entsprechend strukturierten Entscheidungsinstanzen ablaufen.

Sollen die Richtwerte zu einem praktikablen Instrument der Zukunftsgestaltung im Bereich der Regionalpolitik werden, müssen sie sich in ihrer Ausgestaltung und Einordnung in das gesamte Planungssystem an diesen Begrenzungen ausrichten, da sie sonst Gefahr laufen, entweder sachlich über keine theoretische Fundierung zu verfügen oder aber im politischen Abstimmungs- und Durchsetzungsprozeß zu scheitern.

Damit muß sich auch das Selbstverständnis der die Richtwerte setzenden Planer und — damit eng verbunden — der Anspruch der Richtwerte an diesen Grenzen orientieren, um mit den Richtwerten die Unverbindlichkeit der lange Zeit vorherrschenden leerformelhaften Zielformulierungen überwinden und zu operationalen Zielaussagen kommen zu können, ohne den Bereich des derzeitigen theoretischen Erkenntnisstandes einerseits und des politisch Machbaren andererseits zu verlassen.

Literaturverzeichnis

AFFELD, D.: Möglichkeiten des Einsatzes operationaler Zielprojektionen als didaktische Hilfe im raumpolitischen Entscheidungsprozeß. In: Regionalisierte Zielprojektionen für Bevölkerung und Arbeitsplätze. In: Informationen zur Raumentwicklung, Heft 4/5 1975, Bonn 1975, S. 229—237.

BAUDREXL, L.: Richtzahlen der Bevölkerung und der Arbeitsplätze im Landesentwicklungsprogramm und in Regionalplänen in Bayern. In: Informationen der Raumentwicklung, Heft 4/5 1975, Bonn 1975, S. 177—188.

BRÖSSE, N.: Ziele in der Regionalpolitik und in der Raumordnungspolitik, Berlin 1972.

BUCHSBAUM, R.: Zur verfassungsrechtlichen Problematik regionalisierter Zielprojektionen. In: Informationen zur Raumentwicklung, Heft 4/5 1975, Bonn 1975, S. 189—200.

Bundesforschungsanstalt für Landeskunde und Raumordnung (Hrsg.): Regionalisierte Zielprojektionen für Bevölkerung und Arbeitsplätze. In: Informationen zur Raumentwicklung, Heft 4/5 1975, Bonn 1975.

DIETRICHS, B.: Raumordnungsziele des Bundes. In: Informationsbriefe für Raumordnung, Hrsg.: Der Bundesminister des Innern, R. 3.1.2., Mainz 1965.

Derselbe: Status-quo-Prognosen und Zielprojektionen im Raumplanungsprozeß — Funktionen und Konflikte. In: Informationen zur Raumentwicklung, Heft 4/5 1975, Bonn 1975, S. 137—152.

GRASSER, H.: Das Landesentwicklungsprogramm aus ökonomischer Sicht. In: Raumforschung und Raumordnung, 33. Jg./1975, Heft 2, April 1975, S. 80—83.

HAX, H.: Die Koordination von Entscheidungen, Köln-Berlin-Bonn-München 1965.

HEIGL, L.: Landesplanung in Bayern. In: Raumforschung und Raumordnung, 33. Jg., Heft 2, April 1975, Hannover 1975, S. 55—64.

Innenministerium Baden-Württemberg: Die Bedeutung der Richtwerte aus der Sicht der Landesplanung, Papier vorgelegt zur 16. Sitzung der Landesarbeitsgemeinschaft Baden-Württemberg der Akademie für Raumforschung und Landesplanung am 8./9. 10. 1975 in Stuttgart.

Innenministerium Baden-Württemberg: Richtwerte für die künftige Entwicklung von Bevölkerung und Arbeitsplätzen in den Regionen Baden-Württemberg. In: Drucksache 6/7348 des Landtages von Baden-Württemberg.

Institut für Raumordnung (Hrsg.): Grundlagen für Fragen der Raumordnung, Tagungsbericht über das Fortbildungsseminar des Instituts für Raumordnung vom 25. — 27. Mai 1970. In: Mitteilungen aus dem Institut für Raumordnung, Heft 69, Bonn 1970.

Dasselbe: Zielsetzungen in den Entwicklungsprogrammen und -plänen der Länder. In: Mitteilungen aus dem Institut für Raumordnung, Heft 73, Bonn 1972.

Institut für Städtebau, Raumplanung und Raumordnung (Hrsg.): Recht, Organisation, Ausbildung und Politik in der Raumplanung, Raumplanungsseminar 1969. In: Schriftenreihe des Instituts für Städtebau, Raumplanung und Raumordnung. — Technische Hochschule Wien, Bd. 13, Wien 1970.

JOCHIMSEN, R.: Für einen Bundesentwicklungsplan. In: Die neue Gesellschaft, 3/1969, S. 237—242.

JÜRGENSEN, H. / THORMÄHLEN, TH.: Regionale Entwicklungspläne: Ziele, Ansätze, Erfolgsmöglichkeiten. In: Schriften des Vereins für Socialpolitik, N. F., Bd. 67, Berlin 1972, S. 261—291.

KLEIN, G.: Zur Rechtsnatur und Bindungswirkung der Ziele der Landesplanung. In: Beiträge zur Umwelt-, Raum- und Siedlungsforschung, hrsg. v. W. Ernst und R. Thoss, Münster 1972.

LIENEMANN, F.: Zur Verwendung langfristiger Szenarios als Grundlage für regionalisierte Zielprojektionen. In: Informationen zur Raumentwicklung, Heft 4/5 1975, Bonn 1975, S. 201—218.

MAURER, J.: Grundzüge einer Methodik der Raumplanung I, Schriftenreihe zur Orts-, Regional- und Landesplanung, Zürich 1973.

MICHEL, D.: Regionalisierte Richtwerte für Bevölkerung und Arbeitsplätze im Rahmen der nordrhein-westfälischen Landesentwicklung. In: Informationen zur Raumentwicklung, Heft 4/5 1975, Bonn 1975, S. 167—176.

OETTINGER, H.: Die Funktion von regionalisierten Richtwerten für Bevölkerung und Arbeitsplätze in Landesentwicklungsprogrammen und Regionalplänen — hier: Hessen. In: Informationen zur Raumentwicklung, Heft 4/5 1975, Bonn 1975, S. 163—166.

PETERSEN, G.: Regionale Planungsgemeinschaften als Instrument der Raumordnungspolitik in Baden-Württemberg, Berlin 1972.

SCHNEIDER, H. K.: Plankoordinierung in der Regionalpolitik. In: Regionale Wirtschaftspolitik und Planung in der Wirtschaft von heute, hrsg. von E. Schneider, in: Schriften des Vereins für Socialpolitik, N. F., Bd. 45, Berlin 1967, S. 247 f.

SELKE, W.: Diskrepanzen zwischen globalen und regionalen Zielprojektionen für Bevölkerung und Arbeitsplätze. In: Informationen zur Raumentwicklung, Heft 4/5 1975, Bonn 1975, S. 153—162.

STORBECK, D.: Zur Operationalisierung der Raumordnungsziele. In: KYKLOS, Bd. 23/1970, S. 116 f.

STREETEN, P.: Programme und Prognosen. In: Grundlagen der Wirtschaftspolitik, hrsg. v. G. Gäfgen, Köln-Berlin 1966, S. 53—74.

STREIBL, M.: Das bayerische Landesentwicklungsprogramm. In: Raumforschung und Raumordnung, 33. Jg./1975, Heft 2, April 1975, S. 49—55.

WAGNER, F.: Ziele der Raumordnung nach Plänen der Länder. In: Mitteilungen aus dem Institut für Raumordnung, Heft 71, Bonn 1972.

ZIMMERMANN, H.: Zielvorstellungen in der Raumordnungspolitik des Bundes. In: Jahrbuch für Sozialwissenschaft, Bd. 17/1966, S. 225—245.

ZINKAHN-BIELENBERG: Raumordnungsgesetz des Bundes, Kommentar unter Berücksichtigung des Landesplanungsrechts, Berlin 1965.

Raumordnungspolitik und Richtwerte

von

Horst Dieter Hoppen, Freiburg i. Br.

Bevor auf Funktion und Nützlichkeit von Richtwerten in der Raumordnungspolitik (ROP) im einzelnen eingegangen wird, erscheint es angebracht, auf die unterschiedliche Bedeutung von quantifizierten Zielvorgaben in der staatlichen Planung hinzuweisen.

In einer Marktwirtschaft hat die ökonomische Aktivität des Staates stets den Aspekt der Allokation und Distribution von Ressourcen sowie der Stabilisation des Wirtschaftsablaufes. Diese staatliche Beteiligung am volkswirtschaftlichen Produktionsprozeß ist in den westlichen Demokratien in der Regel marktkonform. Grundlage staatlicher wie auch privater ökonomischer Aktivität sind Planungen, die sich meist in quantifizierten Zielvorgaben, d. h. Richtwerten, konkretisieren. Da sich im vollständig dynamischen System der hochentwickelten Volkswirtschaft der Bundesrepublik Deutschland ein steter Strukturwandel vollzieht und die Erstellung bestimmter staatlicher wie privater Leistungen oft erst nach Investitionen über mehrere Perioden möglich ist, stützen sich die Richtwerte auf mittelfristige Prognosen des Wirtschaftsablaufes und des sozialen Wandels. Da Zukunftsinformation stets unsicher ist, sind Fehlallokationen auf Grund nicht eintreffender Prognosen ein normaler Vorgang im staatlichen wie im privaten Bereich.

Die Verwendung von Richtwerten in der staatlichen Planung ist daher ein marktkonformes Verhalten, sofern sich diese Zielvorgaben auf den staatlichen *Eigenbereich* beschränken. Hier haben sie die Funktion der Produktionssteuerung und Leistungskontrolle sowie der Koordination der Fachplanungen, welche sicherstellt, daß die verschiedenen Abteilungen der staatlichen Leistungserstellung auf einem einheitlichen Zielsystem basieren.

Einen gänzlich anderen Charakter erhalten Richtwerte, wenn sie nicht Grundlage der Planung im staatlichen Eigenbereich sind, sondern wenn der Staat mit der ROP in den *nichtstaatlichen* Allokationsprozeß planend eingreift und ein flächendeckender Katalog von Richtwerten eine staatlich geplante räumliche Struktur des Allokationsprozesses zur Folge hat. Dann stellt sich die Frage der Marktkonformität derartiger staatlicher Planung.

Raumordnungspolitik ist die Gesamtheit aller politischen Aktivitäten, die darauf abzielen, in einem Gesamtraum eine bestimmte Siedlungsstruktur zu erhalten oder zu schaffen. Die Träger der ROP in der Bundesrepublik Deutschland sind entsprechend dem föderalistischen Staatsaufbau der Bund und die Länder sowie die an der Landesplanung beteiligten Regionalverbände; Objekt ist die demographische, soziologische, ökologische und ökonomische Raumstruktur, die bestimmt ist durch die räumliche Verteilung und die Quantitäten der kleinsten Raumeinheiten, der Gemeinden. Ansatzpunkt der ROP ist daher der stete Prozeß räumlicher Strukturwandlungen und Umverteilungen.

Formales Ziel aller an der ROP beteiligten Instanzen ist eine „ausgewogene" Siedlungsstruktur; inhaltlich gehen jedoch die Wertvorstellungen der verschiedenen Träger darüber z. T. weit auseinander, wie die räumliche Verteilung der demographischen, soziologischen, ökologischen und ökonomischen „Gewichte" konkret aussehen soll.

Sieht man einmal von den Schwierigkeiten ab, einen Konsens über einen Katalog regionaler Richtwerte zustande zu bringen und ein ausreichend leistungsfähiges wirtschaftspolitisches Instrumentarium zu entwickeln, dann stellt sich vorrangig die Frage, ob ein derartiger Eingriff in den Allokationsprozeß marktkonform ist und welche möglichen „Nebenwirkungen" zu erwarten sind. Die Beantwortung dieser Frage wird von den Trägern der ROP in aller Regel mit der einfachen Annahme umgangen, daß das Ergebnis des marktwirtschaftlichen Allokationsprozesses unabhängig sei von den jeweiligen räumlichen Standorten der Produktionsstätten. Diese Annahme, die besagt, daß die regionale Wirtschaftsstruktur unabhängig ist von der sektoralen Wirtschaftsstruktur, wird von verschiedenen neueren Untersuchungen[1]) in Frage gestellt. Tendenziell zeigt sich dabei, daß in erheblichem Umfang ein regional-sektoraler Zusammenhang besteht und überdies das Vordringen standortungebundener Sektoren nicht das Ausmaß hat, um schon in absehbarer Zeit von einer weitgehenden Unabhängigkeit der regionalen von der sektoralen Verteilung ausgehen zu können.

Dieser Tatbestand macht es notwendig anzunehmen, daß eine regionale Umverteilung der Produktion Auswirkungen auf das Wachstum, wenn nicht sogar auf das Niveau, des volkswirtschaftlichen Produktionsprozesses hat. Demnach kollidiert das Ziel der ROP einer gleichmäßigeren Siedlungsstruktur mit dem wirtschaftspolitischen Ziel des Wirtschaftswachstums. Die Realisierung eines Richtwertekataloges für die regionale Entwicklung von Bevölkerung und Beschäftigung verursacht dann volkswirtschaftliche Opportunitätskosten, ein Tatbestand, der von den Trägern der ROP bislang noch kaum diskutiert wurde.

Unterstellt man, die Träger der Raumordnungspolitik seien bereit, mögliche volkswirtschaftliche Opportunitätskosten einer gleichmäßigeren Siedlungsstruktur hinzunehmen, ähnlich wie die Opportunitätskosten einer Reinerhaltung von Luft und Gewässern akzeptiert werden, dann besteht das Problem, die zwischen den unterschiedlichen Trägern der Raumordnungspolitik vorhandenen Zielkonflikte zu lösen, um eine einheitliche Planungsgrundlage etwa in Form eines flächendeckenden, konsistenten Richtwertekataloges zu erstellen. Die verfassungsrechtlich bedingten Koordinationsschwierigkeiten bei der Festlegung eines konsistenten Zielsystems im Bund-Länder-Verhältnis bestehen im Verhältnis zwischen jeweils einem Bundesland und seinen Regionalverbänden formal zumindest in Baden-Württemberg nicht, da es auf Landesebene möglich ist, die Regionalverbände auf einen landeseinheitlichen Richtwertekatalog festzulegen. Geht man von dieser juristischen Verbindlichkeit der Richtwerte aus, so besitzt die Landesplanung formal eine konsistente Grundlage. Für die praktische ROP reicht eine formale Konsistenz jedoch nicht aus, wenn sie nicht zugleich auch politisch-faktisch Bestand hat, d. h. wenn

---

[1]) E. NIETH: Entropieanalyse der Industriestruktur. Manuskript, Veröffentlichung in Vorbereitung. — H. D. HOPPEN: Empirische Untersuchung der regionalen und sektoralen Verteilung der verarbeitenden Industrie. In: Jahrbücher für Nationalökonomie und Statistik, Frühjahr 1977.

nicht ein Abstimmungsprozeß zwischen den beteiligten Instanzen stattgefunden hat, da sonst im Wege von Ausnahmeregelungen die erreichte Konsistenz wieder zerstört werden kann.

Die Ursachen für Zielkonflikte ergeben sich im wesentlichen schon aus dem Zustandekommen von Richtwerten. Sieht man einmal ab von der Problematik der Abstimmung der Richtwerte innerhalb eines Gesamtkataloges und den darin teilweise enthaltenen Präferenzen des Landes über die anzustrebende „Ordnung des Raumes", dann entsteht ein Richtwert im wesentlichen aus der Verknüpfung von drei Komponenten: der Statusquo-Prognose, der ordnungspolitischen Präferenz bezüglich der Stringenz der Handhabe und der Einschätzung der Eingriffsmöglichkeit.

Es ist nun unmittelbar einsichtig, daß Inhalt und Gewicht dieser Komponenten von den verschiedenen Trägern der ROP in der Regel nicht einhellig beurteilt werden. So haben in Baden-Württemberg Land und Regionalverbände z. T. sehr abweichende ordnungspolitische Vorstellungen über die Stringenz der Handhabe der von seiten des Landes vorgegebenen Richtwerte sowie darüber, welche Status-quo-Entwicklung die wahrscheinlichste ist und welche Erfolgswirksamkeit dem vorhandenen wirtschaftspolitischen Instrumentarium beizumessen ist. Ein allgemeiner Konsens besteht lediglich über die prinzipielle Zielrichtung der ROP, daß der zunehmenden Gewichtsverlagerung in die Ballungsräume Einhalt geboten werden muß. Einem weitergehenden Einvernehmen steht neben den genannten Konflikten noch entgegen, daß sich die Regionalverbände in einer Konkurrenzsituation um die von Land und Bund zur Verfügung gestellten Mittel befinden und daß sich politische Eigenständigkeit nicht zuletzt durch Formulierung und Verfolgung eigener Zielsetzungen kenntlich machen läßt.

Die in der Regel bestehende „Konsistenzlücke" zwischen den Erwartungen der Landesplanung einerseits und den Regionalverbänden andererseits kann nur geschlossen werden, wenn das objektivierbare Potential der Informationsbasis des Richtwertekataloges soweit vergrößert wird, daß eine Vereinheitlichung der unterschiedlichen Erwartungen möglich wird.

Ausgangspunkt zur Erstellung einer Informationsbasis für einen Richtwertekatalog sind Status-quo-Prognosen, erstellt als Trendextrapolationen von Entwicklungsverläufen der Vergangenheit in die Zukunft. Für ein- oder zweijährige Zielprojektionen sind derartige Fortschreibungen brauchbar, sofern keine außergewöhnlichen exogenen Erschütterungen der betrachteten Struktur auftreten. Da mittelfristig jedoch meist Strukturwandlungen stattfinden, ist eine unkorrigierte Extrapolation der bisherigen Entwicklung nicht zulässig; vielmehr müssen Annahmen über Art und Umfang der zu erwartenden Datenänderungen in die Fortschreibung bisher sichtbar gewordener Entwicklungsverläufe eingehen. Da keine verläßliche Zukunftsinformation vorhanden ist, bleibt nur die Möglichkeit, den jeweiligen Einfluß verschiedener Datenänderungen auf die betrachtete Entwicklung „durchzuspielen"; die Entscheidung darüber, welche Entwicklung insgesamt als die wahrscheinlichste anzusehen ist, fällt weitgehend intuitiv.

Prinzipiell ist keine andere Methodik als die geschilderte denkbar, jedoch läßt sich die Entscheidung über die wahrscheinlichste Entwicklung durch eine Vergrößerung der objektivierbaren Masse der Informationsbasis verstärkt rationalisieren. Das geschieht dadurch, daß nicht mehr der Verlauf einer einzelnen Variablen unter jeweils verschiedenen Voraussetzungen analysiert wird, sondern daß in einem Modell die Status-quo-Prognosen mehrerer sich bedingender Variablen verknüpft werden. Der Einfluß von

Strukturwandlungen wird jetzt festgestellt als simultane Auswirkung einer veränderten Datenkonstellation auf mehrere betrachtete Variablen. Durch diese interdependente Verknüpfung von mehreren Variablen wird je nach Modellumfang eine Anzahl von exogenen und endogenen Voraussetzungen sichtbar gemacht, die für das Zustandekommen möglicher Entwicklungssituationen in der Zukunft notwendig sind.

Methodisch unterscheidet man beim genannten Vorgehen die Szenario-Methode und Simulationsmodelle; mit Hilfe der Szenario-Methode werden eine Reihe von möglichen Einzelsituationen (Szenarios) für den Prognosezeitpunkt erstellt; Simulationsmodelle sind demgegenüber komplexer und erlauben die Entwicklung eines breiteren Situationsspektrums.

Der Wert derartiger Verfahren liegt im wesentlichen auf didaktischem Gebiet. Die Informationsbasis für Zielprojektionen wird verstärkt objektiviert; dadurch entsteht zwar keine sicherere Zukunftsinformation, es wird aber die Entscheidung darüber, welche Entwicklung als wahrscheinliche der Zielbestimmung zugrunde gelegt wird, stärker von objektivierten Kenntnissen über eine Vielfalt von Systemzusammenhängen und Voraussetzungen geprägt als von intuitiver Einschätzung.

Ein derart stärker objektivierter Zielfindungsprozeß verbessert die Möglichkeit, in der ROP zu einem Konsens über ein konsistentes Zielsystem zu kommen. In Baden-Württemberg ist seitens des Landes ein erster Schritt in diese Richtung getan worden mit der Erstellung der „Systemanalyse zur Landesentwicklung Baden-Württembergs"; diese Untersuchung bedarf jedoch einer weiteren Fortführung, da im wesentlichen nur *ein* Szenario erarbeitet wurde, aber auch andere Szenarien denkbar sind.

Unterstellt man, daß auf diesem Wege eine Einigung zwischen Land und Regionalverbänden auf einen konsistenten und zugleich stringenten Richtwertekatalog zustande kommt, dann ist die Wirksamkeit der Maßnahmen der ROP noch nicht gesichert, da fraglich ist, ob die Bedingungen dafür, daß die vorhandenen Instrumente „greifen", gegeben sind.

Im Rahmen einer raumordnungspolitischen Konzeption kommt Richtwerten entweder eine Ordnungsfunktion im engeren Sinne oder eine Entwicklungsfunktion zu, das Instrumentarium ist je nach Funktionstyp verschieden.

Besitzt ein Richtwert eine Ordnungsfunktion im engeren Sinne, so soll das Wachstum im betreffenden Teilraum begrenzt werden. Geht man davon aus, daß sich der allgemeine Bevölkerungsrückgang fortsetzt, dann ergibt sich mit großer Wahrscheinlichkeit die Situation, daß die Ballungsräume — *absolut* gesehen — nicht mehr nennenswert wachsen werden, sondern das Schrumpfen der ansässigen Bevölkerung durch Zuzüge kompensiert wird. Soll aber die bestehende Siedlungsstruktur erhalten bleiben, so reicht eine Begrenzung des Zuwachses der Ballungsräume nicht aus. Es müßten dann konsequenterweise negative Richtwerte gesetzt werden. Dieser, den allgemeinen Zielsetzungen der ROP nach, erforderliche Schritt unterbleibt aber in der Regel, wie z. B. im Richtwertekatalog für Baden-Württemberg, der dem dominierenden Ballungsgebiet Mittlerer-Neckar-Raum auch angesichts allgemeinen Bevölkerungsrückgangs noch ein Bevölkerungswachstum bis 1990 von + 1,3 % gestattet. Ein derart gesetzter Richtwert kann, wenn er erreicht würde, die fortschreitende *relative* Bevölkerungskonzentration nicht begrenzen: Die Ordnungsfunktion des Richtwertes ist nicht mehr gegeben.

Unterstellt man jedoch einmal, bei Richtwerten mit Ordnungsfunktionen sei eine Wachstumsbegrenzung ausreichend, dann stellt sich das Problem des adäquaten Instrumentariums. Der Hauptansatzpunkt zur Begrenzung des Wachstums der Ballungsräume ist die Bauleitplanung: Es wird den betroffenen Gemeinden eine Obergrenze für die in den Bebauungsplänen ausgewiesenen Industrieflächen vorgeschrieben. Dadurch soll der Zuzug von Betrieben in Ballungsgebiete verhindert oder zumindest verringert werden. Theoretisch erscheint dieses Verfahren effizient, faktisch wirkt es jedoch nur mit einer übermäßig großen Verzögerung, da in Ballungsräumen in der Regel genehmigte Bebauungspläne bestehen, welche Industrieflächen in einem solchen Umfang ausweisen, daß eine Beschränkung des räumlichen Wachstums der Agglomerationen auf Jahrzehnte nicht möglich ist. Der einzige sich anbietende Ausweg, einen Richtwert mit Ordnungsfunktion zu realisieren, besteht in der Aufhebung der Genehmigung von noch nicht vollzogenen Bebauungsplänen. Dieser Weg ist offensichtlich aber erst dann möglich, wenn durch eine Novelle des Bundesbaugesetzes eine für die Länder finanziell tragbare Entschädigungsregelung geschaffen wird[2]). Damit ist eine notwendige Bedingung zur Wirksamkeit von Richtwerten mit Ordnungsfunktion bisher noch nicht erfüllt.

Die Realisierbarkeit von Richtwerten mit Entwicklungsfunktion ist an zwei Voraussetzungen geknüpft: Zum einen müssen die Richtwerte mit Ordnungsfunktion eingehalten werden, um ein Abwandern in die Ballungsräume zu unterbinden, zum zweiten muß die staatliche Förderpolitik so ausgestattet sein, daß eine „Entwicklung" auch stattfinden kann, d. h. daß Neuansiedlungen realisiert werden können. Die erste Bedingung ist — wie oben ausgeführt — noch nicht erfüllt. Daher ergibt sich das Problem, ob Richtwerte mit Entwicklungsfunktion allein mit dem Instrumentarium der Förderpolitik realisiert werden können. Staatliche Industrieansiedlung in Fördergebieten wird betrieben einerseits durch eine Verbesserung der vorhandenen Infrastruktur und andererseits durch direkte finanzielle Zuwendungen an die Investoren. Die geringen Erfolge der Vergangenheit zeigen, daß die quantitative Ausstattung der ROP mit Haushaltmitteln bei weitem zu gering war. Die Verbesserung der Infrastruktur in Entleerungsgebieten war — von Einzelfällen abgesehen — marginal im Vergleich zum Ausbau der Infrastruktur in den Ballungsräumen und für den Verbund der Ballungsräume. Die überproportionale Beanspruchung von Mitteln durch die großen Agglomerationen ließ wenig Raum für größere Investitionsprogramme in der „Fläche". Die Folge war, daß sich die relativen Standortnachteile der Fläche weiter vergrößerten, während in den Agglomerationen die Standortvorteile noch zunahmen und dort bestehende Engpässe abgebaut wurden. Angesichts der derzeitigen und künftigen Schwierigkeiten, öffentliche Investitionen zu finanzieren, ist eine Verringerung der Standortnachteile des ländlichen Raumes durch einen überproportionalen Ausbau der Infrastruktur in der Fläche nicht zu erwarten. Ebenso sind kaum in ausreichendem Maße staatliche Mittel vorhanden, um mit Hilfe direkter Investitionsbeihilfen die Standortnachteile des ländlichen Raumes zu kompensieren und eine erfolgreiche Industrieansiedlung in der Fläche durchzuführen. Zusammenfassend muß daher festgestellt werden, daß der ROP in den kommenden Jahren in keiner Weise die finanziellen Mittel zur Verfügung stehen, um — von Einzelfällen abgesehen — die Richtwerte mit Entwicklungsfunktion eines flächendeckenden Kataloges zu realisieren. Deshalb sind heute „hohe" Richtwerte mehr eine Demonstration guten Willens der raumordnungspolitischen Instanzen denn Zielvorgaben eines realitätsbezogenen Programms.

Angesichts dieser mangelnden Möglichkeiten, die bestehenden Richtwertekataloge auch nur annähernd zu realisieren, und auf Grund zusätzlicher externer Erschwernisse

---

[2]) Vgl. Beitrag E. FUCHS: Richtwerte für die Regionen. In diesem Band.

für die ROP in den kommenden Jahren wurde von P. Treuner ein Vorschlag zu einer grundsätzlichen Neuorientierung der ROP gemacht[3]). Dieser Vorschlag beinhaltet im Kern, den Zielhorizont der ROP zu senken und die angestrebte gleichmäßigere Siedlungsstruktur nur noch zu verstehen als eine Erweiterung des bestehenden Netzes der Ballungsräume. In prinzipieller Abkehr von der Flächenförderung sollen die verfügbaren Mittel auf regionale Entwicklungsschwerpunkte — in der Regel bestehende Oberzentren — konzentriert werden, um diesen eine eigenständige Entwicklung neben den bereits bestehenden Ballungsräumen zu ermöglichen.

Eine derart konzipierte ROP kann auf eine stringente Zielfestsetzung, wie sie ein flächendeckender Katalog regionaler Richtwerte darstellt, verzichten, da die unabwendbare fortschreitende Entleerung des ländlichen Raumes weitgehend akzeptiert wird und sich das Hauptaugenmerk auf den Ausbau der Entwicklungsschwerpunkte richtet.

Resümee

(1) Die Annahme, daß sich die regionale Verteilung der Produktion und damit die Siedlungsstruktur auf einen flächendeckenden Katalog staatlich bestimmter Richtwerte festlegen läßt, ohne Niveau und/oder Wachstum des Allokationsprozesses negativ zu beeinflussen, ist fraglich; die mit Wahrscheinlichkeit entstehenden Opportunitätskosten einer derartigen ROP müssen Gegenstand ihrer Konzeption sein.

(2) Das verfügbare Instrumentarium der ROP konnte in der Vergangenheit nur marginale Umverteilungen zu Gunsten der Fördergebiete bewirken. Eine realistische Einschätzung der künftig zu erwartenden Ausstattung der ROP mit Haushaltmitteln ergibt, daß die Realisierung eines flächendeckenden Kataloges regionaler Richtwerte, wie er für Baden-Württemberg besteht, in Form und Inhalt nicht möglich ist.

(3) Der Vorschlag, den Zielhorizont der ROP zu senken und damit nicht realisierbare Zielvorgaben aufzugeben, stellt die ROP nicht nur auf eine realistische Grundlage, sondern führt auch zu einer Vereinfachung ihrer Konzeption: An die Stelle der aufwendigen Abstimmung eines sowohl konsistenten wie auch politisch-faktisch tragfähigen Richtwertekataloges für *alle* Teilräume tritt die Festlegung von Einzelrichtwerten für *wenige* Entwicklungsschwerpunkte.

---

[3]) Vgl. P. Treuner: Thesen zur neueren Tendenz der räumlichen Entwicklung. In: Raumforschung und Raumordnung, August 1975.

Forschungs- und Sitzungsberichte
der Akademie für Raumforschung und Landesplanung

Band 113:

Zur Problematik von Entwicklungsachsen

Aus dem Inhalt:

		Seite
Vorwort		1
Hans Kistenmacher, Hannover	Zur theoretischen Begründung und planungspraktischen Verwendbarkeit von Achsen	5
Rolf Gruber, Dortmund	Vergleichende Analyse von Entwicklungsachsen als Elemente landesplanerischer Konzeptionen (im Rahmen punktaxialer Systeme)	43
Alexander v. Papp, Bonn-Bad Godesberg	Achsen in der Raumordnungspolitik des Bundes — Überlegungen zur Präzisierung der Achsenkonzepte —	69
Viktor Frhr. v. Malchus, Dortmund	Entwicklungsachsen, Verkehrsachsen und Siedlungsachsen in der europäischen Raumordnungspolitik	103
Helmut Witt, Stuttgart	Entwicklungsachsen in Baden-Württemberg und ihre Ausformung in Regionalplänen	153
Til P. Koch, Kiel	Grundsätze für die Verwendung von Achsen in der Landesplanung auf Grund von Erfahrungen in Schleswig-Holstein	181
Gunter Kappert und Hartmut v. Hinüber, Hannover	Entwicklungsachsen im Niedersächsischen Landes-Raumordnungsprogramm?	195
Gerhard Bahr, Hamburg	Die Achsenkonzeption als Leitvorstellung für die städtebauliche Ordnung in Hamburg	201
Dieter Eberle, Kaiserslautern	Entwicklung eines komplexen theoretischen Erklärungskonzeptes für räumliches Verkehrsverhalten und seine Umsetzung in Forschungsansätze für Siedlungsachsen	241

Der gesamte Band umfaßt 253 Seiten; Format DIN B 5; 1976; 44,— DM

Auslieferung
HERMANN SCHROEDEL VERLAG KG · HANNOVER

Forschungs- und Sitzungsberichte
der Akademie für Raumforschung und Landesplanung

Band 116:

Ausgeglichene Funktionsräume
– Grundlagen für eine Regionalpolitik des mittleren Weges –
2. Teil

Aus dem Inhalt:

		Seite
Detlef Marx, München	Vorwort	VII
Rainer Thoss und Horst M. Bölting, Münster	Instrumente zur Schaffung und Erhaltung ausgeglichener Funktionsräume	1
Ulrich Brösse, Aachen	Qualitative und quantitative Anforderungen an die Infrastrukturausstattung ausgeglichener Funktionsräume	29
Hans Kiemstedt, M. Thom und W. Heinrich, Berlin	Zur Bestimmung regionaler Naherholungsräume unter dem Aspekt einer langfristigen Flächensicherungspolitik	67

Der gesamte Band umfaßt 121 Seiten; Format DIN B 5; 1976; 32,— DM

Auslieferung
HERMANN SCHROEDEL VERLAG KG · HANNOVER